गौतम बुद्ध
की
प्रेरक कहानियाँ

गौतम बुद्ध की प्रेरक कहानियाँ

मुकेश 'नादान'

प्रकाशक

प्रभात प्रकाशन प्रा. लि.

4/19 आसफ अली रोड, नई दिल्ली-110002

फोन : 011-23289777 • हेल्पलाइन नं. : 7827007777

इ-मेल : prabhatbooks@gmail.com ❖ वेब ठिकाना : www.prabhatbooks.com

संस्करण

2025

पेपरबैक मूल्य

चार सौ रुपए

मुद्रक

नरुला प्रिंटर्स, दिल्ली

———— ★ ————

GAUTAM BUDDHA KI PRERAK KAHANIYAN
by Shri Mukesh 'Nadan'

Published by **PRABHAT PRAKASHAN PVT. LTD.**

4/19 Asaf Ali Road, New Delhi-110002

ISBN 978-93-5266-093-3

₹ 400.00 (PB)

लेखकीय

ईसा पूर्व छठी शताब्दी का काल। देश में चारों ओर हिंसा और अशांति का तांडव था। संपूर्ण भारतवर्ष ऐसे भीषण दौर से गुजर रहा था कि शांति की एक किरण भी कहीं दिखाई नहीं पड़ रही थी। अनेक राज्य ऐसे भी थे, जहाँ शांति का संबल था, परंतु वहाँ भी किसी-किसी रूप में, कहीं-न-कहीं हिंसा अथवा अशांति विद्यमान थी; तभी भारतवर्ष की धरा पर ऐसी विषम परिस्थितियों में एक महान् विभूति का आगमन हुआ, जिनका नाम था—गौतम बुद्ध। पुराणों में विष्णु के दसावतारों में गौतम बुद्ध भी एक अवतार माना गया है। कालांत में हिंदुओं ने अपनी उपासना पद्धति में बुद्ध को देवता के रूप में मान्यता प्रदान की है। हालाँकि इनके जन्म के संबंध में इतिहासकारों के मत भिन्न हैं। फिर भी गहन अध्ययन एवं समीक्षा के आधार पर इनका जन्म 563 ई. पूर्व को ही इनका जन्म माना गया है।

गौतम के पिता शुद्धोधन नेपाल की तराई में स्थित कपिलवस्तु के शाक्य गणराज्य के प्रधान थे। इनकी माता का नाम महामाया था, जो कोलिय गणराज्य की कन्या थीं। गौतम बुद्ध बाल्यकाल से ही बड़े दयालु और सहज प्रवृत्ति के थे। गौतम बुद्ध ने देश-विदेश में अपने भिक्षुओं के साथ घूम-घूमकर बौद्ध धर्म का प्रचार किया। मानवजाति को अहंकार, हिंसा, परोपकार आदि के ज्ञान का बोध कराया।

गौतम बुद्ध तथागत नाम से भी जाने गए। गौतम बुद्ध ने अपने सिद्धांतों के प्रचार-प्रसार में जाति व्यवस्था का भी घोर विरोध किया था। उन्होंने मानव-मानव की समानता पर बल दिया। उन्होंने जन्म को न मानकर बुद्धि तथा चरित्र के आधार को छोटे-बड़े होने का मापदंड माना है। उन्होंने घोषणा भी की थी कि मनुष्य जन्म से नहीं अपितु कर्म से ब्राह्मण अथवा शूद्र होता है।

गौतम बुद्ध द्वारा अनेक ऐसी बातों का प्रचार किया गया, जो मानव को एक-दूसरे से प्रेम, सद्भाव, दया और भाईचारे का संदेश देती थीं। इन्हीं संदेशों से प्रेरित गौतम बुद्ध की अनेक कथाएँ आज भी प्रचलित हैं, जो मानव को असीम ज्ञान की ओर प्रेरित करती हैं।

प्रस्तुत पुस्तक में ऐसी ही कुछ कथाओं को संगृहीत किया गया है, जो गौतम बुद्ध के जन्म से लेकर निर्वाण तक की घटनाओं का वर्णन करती हैं तथा इनके आचार-विचार से ओतप्रोत हैं। अपने शिष्यों को समय-समय पर उपदेश देते हुए उन्होंने अनेक कथाओं को उदाहरणार्थ समझाने का प्रयास किया और उन्हीं कथाओं का प्रचार-प्रसार उनके शिष्यों ने भी आगे किया। कथाएँ पूर्ण रूप से शिक्षात्मक एवं संस्कारित हैं। हमें आशा ही नहीं, अपितु पूर्ण विश्वास है कि गौतम बुद्ध की ये कथाएँ अवश्य ही प्रत्येक वर्ग के पाठकों को ज्ञान का बोध कराने में सहायक सिद्ध होंगी। अंत में इतना अवश्य कहना चाहूँगा कि जाने-अनजाने में कहीं भी यदि किसी व्यक्ति की भावनाओं को ठेस पहुँचे, उसके लिए क्षमा-याचक हूँ।

विनायकम् **—मुकेश नादान**
506/13, शास्त्रीनगर
मेरठ (उ.प्र.)

अनुक्रम

गौतम बुद्ध की जन्म कथा

गौतम बुद्ध के पिता का नाम शुद्धोधन था। वे कपिलवस्तु के राजा थे। बात उस समय की है, जब गौतम बुद्ध का जन्म भी नहीं हुआ था। राजा शुद्धोधन के कोई संतान न थी। इसी कारण संतान-प्राप्ति की चाह में वे सदैव विचारमग्न रहते थे। संतान-प्राप्ति की चाह में ही उन्होंने दो विवाह किए थे।

राजा शुद्धोधन की बड़ी रानी का नाम महामाया और छोटी का नाम प्रजावती था। धीरे-धीरे समय व्यतीत हो रहा था। राजा शुद्धोधन अब अधेड़ अवस्था से वृद्धावस्था की ओर अग्रसर होने लगे थे। देवी-देवताओं की पूजा-अर्चना और दान-पुण्य आदि करने के बाद भी उन्हें संतान का सुख न मिल सका। समय बीतने के साथ-साथ राजा की तृष्णा भी बलवती होती जा रही थी। ऐसा प्रतीत होता था, जैसे भाग्य के देवता राजा शुद्धोधन से कुपित हो गए हैं, तभी तो उनकी श्रद्धा और निष्ठा भी कोई रंग न ला सकी थी। अब राजा की तृष्णा चिंता और गहन चिंता में बदलने लगी थी। राज्य में चारों ओर सुख, शांति और समृद्धि थी, किंतु अपना उत्तराधिकारी न होने के कारण यह सबकुछ राजा को निरर्थक ही प्रतीत होता था।

निःसंतान होने का दुख राजा शुद्धोधन को ही नहीं, रानी महामाया और रानी प्रजावती को भी था। इस चिंता को दूर करने का उपाय किसी के हाथ में न था। अतः वे सभी मौन थे।

एक समय की बात है कि रानी महामाया रात्रिकाल में अपने इष्टदेव का स्मरण कर शैया पर लेट गई। लेटते ही उनकी आँख लग गई और उनकी आँखों के सामने भिन्न-भिन्न प्रकार के सुखद स्वप्न-चित्र तैरने लगे। स्वप्नों का ताँता रातभर लगा रहा। स्वप्न आते रहे और सुखद अनुभूति देकर विस्मृत

होते रहे। रात्रि का अंतिम प्रहर चल रहा था। रानी महामाया ने स्वप्न में देखा कि चार यक्ष, जिनके मुखमंडल तेज से प्रदीप्त थे, उनके निकट आए। यक्षों ने रानी को प्रणाम किया और पुष्प के समान बड़ी कोमलता से उन्हें उठाकर एक ओर को उड़ चले। जिस वायुमंडल से होकर यक्ष रानी को लेकर उड़ रहे थे, उसमें बड़ी मनमोहक सुगंध व्याप्त थी। इस भीनी-भीनी सुगंध ने रानी के अंतर्मन को प्रफुल्लित कर दिया।

यक्षों ने रानी महामाया को ले जाकर एक सर्वोन्नत पर्वत के शिखर पर बैठा दिया। वहाँ एक बहुत सुंदर आसन बना हुआ था। इस आसन पर विराजमान होकर रानी को बड़ा आत्मिक सुख मिला। रानी महामाया का तन-मन प्रसन्नता से झूम रहा था। इसी बीच स्वर्गलोक में निवास करने वाली सुंदरता की प्रतिमूर्ति अप्सराएँ वहाँ एकाएक प्रकट हुईं। अप्सराओं ने करबद्ध हो, शीश झुकाकर रानी को प्रणाम किया।

'देवी!' एक अप्सरा रानी से बोली, 'आपके स्नान का समय हो गया है। कृपया स्नान के लिए प्रस्थान कीजिए।'

रानी कुछ न बोली, उठकर उनके साथ चल दी।

अप्सराएँ रानी को ले, मंगलगीत गाती हुई एक सरोवर के पास पहुँची। सरोवर अत्यंत सुंदर था और उसमें श्वेत कमल-पुष्प शोभायमान थे। अप्सराओं ने रानी को ले जाकर सरोवर के मध्य खड़ा कर दिया और मल-मलकर स्नान कराने लगीं।

सरोवर का जल रानी के शरीर पर पड़ते ही उनकी काया कंचन जैसी हो गई। इस दिव्य जल के स्नान से रानी का शरीर भी अप्सराओं के समान ही सुंदर हो गया।

रानी महामाया आश्चर्यचकित होकर अपने रूप-सौंदर्य को निहार रही थी। दिव्य जल से स्नान करने के बाद उनकी काया अत्यंत कमनीय और सुंदर हो गई थी। शरीर पर पड़ी हुई झुर्रियाँ भी पूरी तरह मिट चुकी थीं। उन्हें ऐसा लगा था मानो उनका यौवन दिव्य रूप-राशि के साथ पुनः लौट आया हो। उनका मन मुदित था।

स्नान के बाद अप्सराओं ने रानी को अत्यंत सुंदर और बहुमूल्य वस्त्र पहनाए। भिन्न-भिन्न प्रकार के आभूषणों से उनका श्रृंगार किया। इसके बाद

अप्सराएँ रानी को एक श्वेत मरमरी महल में ले गईं। विभिन्न प्रकार से उनका स्वागत-सत्कार किया गया।

एक अप्सरा अपने हाथों में दिव्य सामग्री से भरा थाल लेकर प्रकट हुई। उस खाद्य सामग्री से स्वादिष्ट सुगंध उठ रही थी। उसने खाद्य सामग्री रानी के सामने प्रस्तुत की। जब रानी ने उसका स्वाद चखा तो उनका तन-मन आह्लादित हो उठा।

दिव्य खाद्य सामग्री खिलाने के बाद अप्सराएँ रानी महामाया को महल के एक दूसरे कक्ष में ले गईं। उस कक्ष में एक पुष्पसेज सजी हुई थी। अप्सराओं के आग्रह पर रानी पुष्प सज्जित सेज पर विश्राम करने लगीं। उस सेज के सामने ही रानी को एक स्वर्ण शैल और उस पर मँडराता सुंदर हाथी अपने अत्यंत निकट प्रतीत हुआ। हाथी ने कमल पुष्प से रानी के दाएँ अंग पर धीरे से प्रहार किया और फिर लघु से लघुतर स्वरूप धरकर वह एकाएक रानी के गर्भ में समा गया।

रानी ने भय और आश्चर्य से तुरंत अपनी आँखें खोल दीं। अब रानी को पता चला कि वह स्वप्न देख रही थी। बड़ा ही आश्चर्यचकित कर देने वाला और सुखद स्वप्न था, आँख खुलते ही जिसका समापन हो गया था।

जब राज ज्योतिषी ने स्वप्न के फल की गणना कर बताया कि उनके यहाँ एक यशस्वी पुत्र रत्न का जन्म होगा तो उनकी प्रसन्नता की कोई सीमा न रही। राजज्योतिषी की घोषणा ने जैसे राजा, रानी और प्रजा के ऊपर से चिंता की कालिमा को समाप्त कर दिया था। राजमहल में छाया सन्नाटा धीरे-धीरे सिमटने लगा।

ज्यों-ज्यों रानी महामाया का गर्भकाल पूर्ण होने की ओर अग्रसर हो रहा था, त्यों-त्यों राजमहल में प्रसन्नता बढ़ती जा रही थी। अब गर्भकाल लगभग पूर्ण होने को था। उस काल की प्रथा के अनुसार रानी अपने प्रथम शिशु को अपने माता-पिता के गृह पर ही जन्म देती थी। इसे अत्यंत शुभ माना जाता था। ऐसा ही विचार कर रानी महामाया को उनके माता-पिता के पास भेजने की व्यवस्था की गई, ताकि वे प्रथम शिशु को वहीं पर जन्म दे सकें।

राजा की आज्ञा से एक सुंदर रथ को फूल-मालाओं और मोती-मणियों से सुसज्जित किया गया। उस रथ में रानी के साथ उनकी प्रिय दासियाँ और

परिचारिकाएँ बैठीं। रथ के आगे-आगे छह घोड़ों पर सवार योद्धा सैनिक चले और इसी प्रकार पीछे भी घुड़सवार सैनिक चले।

धीरे-धीरे रानी का यह काफिला आगे बढ़ा जा रहा था कि लुंबिनी वन के निकट रानी को तीव्र प्रसव-पीड़ा होने लगी। परिचारिकाओं के कहने पर रथ को लुंबिनी वन में ही एक उचित स्थान देखकर रोक दिया गया।

वैशाख मास की पूर्णिमा थी। गगन पर पूर्ण चंद्र जगमगा रहा था। लुंबिनी वन का कोना-कोना जैसे पूर्णिमा की शीतल चाँदनी में अपनी मधुरिमा के साथ शोभायमान हो रहा थ। इस वैशाख पूर्णिमा को जैसे सदियों से लुंबिनी वन में इस महान् घटना के घटने की ही प्रतीक्षा थी और प्रतीक्षा की घड़ियाँ धीरे-धीरे समाप्त होती जा रही थीं।

यह घटना ईसा से लगभग 564 वर्ष पूर्व की है। रानी महामाया प्रसव-पीड़ा से आकुल लुंबिनी वन में पुष्पों से आच्छादित वृक्ष के नीचे विश्राम कर रही थी। परिचारिकाएँ उनकी तरह-तरह से सेवा-शुश्रूषा कर रही थीं।

प्रकृति द्वारा निर्धारित शुभ घड़ी और शुभ पलों में रानी महामाया ने एक सुंदर-स्वस्थ शिशु को जन्म दिया। शिशु के जन्म की शुभ सूचना अविलंब कपिलवस्तु भेज दी गई।

कपिलवस्तु में राजा शुद्धोधन और रानी प्रजावती के हर्ष की सीमा न थी। पूरा राजमहल विभिन्न प्रकार के मोतियों-मणिक्यों और दीपमालाओं से सज्जित किया गया।

राजा शुद्धोधन और रानी प्रजावती ने पुत्र-प्राप्ति से प्रसन्न होकर निर्धनों और ब्राह्मणों को खुले हाथों से दान देना प्रारंभ कर दिया।

राजा ने अपनी प्रिय पत्नी महामाया और नवजात शिशु को लुंबिनी वन से कपिलवस्तु बुला लिया था। राजमहल में उनका बड़े हर्ष के साथ स्वागत किया गया।

एक दिन असित ऋषि दरबार में पधारे। राजा शुद्धोधन ने ऋषि का यथायोग्य स्वागत-सत्कार किया और नवजात शिशु को आशीर्वाद देने का आग्रह किया।

"राजन!" असित ऋषि बोले, "आपके पुत्र का भविष्य बड़ा उज्ज्वल प्रतीत होता है।"

"आपकी कृपा का फल है, ऋषिदेव!" राजा शुद्धोधन सिर झुकाकर

बोले, "अब कृपया शिशु को अपना आशीर्वाद दीजिए।"

"राजन! यह शिशु आगे चलकर आपके शाक्य वंश का नाम विश्व भर में फैला देगा और किसी के आशीर्वाद की नहीं, बल्कि संसार को इसके आशीर्वाद की आवश्यकता पड़ेगी।" कहकर असित ऋषि ने शिशु के मस्तक पर अपना राथ रखा।

❑

गौतम बुद्ध का नामकरण

असित ऋषि का आशीर्वाद और वक्तव्य सुनकर राजा शुद्धोधन को बड़ी प्रसन्नता हुई। उन्होंने बहुत सा धन शिशु के ऊपर न्योछावर करके निर्धनों में वितरित कर दिया। बड़े हर्ष और प्रसन्नता के वातावरण में शिशु के नामकरण संस्कार का समारोह आयोजित किया गया। शिशु राजकुमार के लिए 'सिद्धार्थ' नाम उपयुक्त माना गया।

जब से सिद्धार्थ का जन्म हुआ था, राजमहल के वातावरण में एक अनोखी सी प्रसन्नता का भाव समाहित था। चारों ओर जैसे शिशु सिद्धार्थ का स्पर्श कर मंद-सुगंध समीर के झोंके राजमहल में अठखेलियाँ कर रहे थे।

काल की गति बड़ी बलवान होती है और कोई इसे सरलता से नहीं समझ सकता। राजमहल में प्रसन्नता की बयारें बहाकर संभवत: काल कोई विडंबना रच रहा था, तभी तो राजमहल की प्रसन्नता उसे फूटी आँख न सुहा रही थी।

कपिलवस्तु के राजमहल में अभी प्रसन्नता और हर्ष का समारोह पूर्ण भी न हुआ था कि काल की गति रुक गई।

शिशु सिद्धार्थ की माता रानी महामाया की तबीयत बिगड़ने लगी। रानी महामाया ने शिशु सिद्धार्थ को रानी प्रजावती की गोद में डालते हुए कहा, "बहन! संभवत: अब मैं न बचूँगी।"

"नहीं दीदी। ऐसा न कहिए।" रानी प्रजावती विलाप करते हुए बोली।

"प्रजा, मेरी बहन!!, कृपया शांत हो जाइए और ध्यान से मेरी बात सुनिए।" रानी महामाया ने प्रजावती को शांत करते हुए कहा, "मेरे पास अधिक समय नहीं है।"

"कहिए दीदी, कहिए! मैं आपकी हर आज्ञा का पालन करूँगी।"

"प्रजा! आज्ञा नहीं, अनुरोध है!"

"कहिए तो दीदी!"

"राजकुमार सिद्धार्थ का अपने पुत्र के समान पालन-पोषण करना। मैं इसे तुम्हारे सुपुर्द कर रही हूँ।" यह कहते-कहते महामाया की आँखें मुँदने लगीं और गरदन एक ओर को लुढ़क गई।

❑

हंस की प्राण रक्षा

एक दिन राजकुमार सिद्धार्थ उपवन में विचारमग्न बैठे थे कि तभी 'क्रों-क्रों' करता हुआ एक हंस उनके पास आ गिरा। किसी निर्दयी शिकारी ने तीर चलाकर उसके प्राण लेने का प्रयास किया था। राजकुमार ने दयावश उसके पंखों में लगा तीर निकालकर घाव धोया और उसे जल पिलाया। जल पीकर जैसे हंस के प्राण लौट आए।

इतने में ही शिकारी दौड़ता हुआ वहाँ आ पहुँचा। वह सिद्धार्थ का चचेरा भाई देवदत्त था।

"सिद्धार्थ!" देवदत्त आते ही बोला, "यह हंस मुझे दे दो, मैंने इसका शिकार किया है।"

"नहीं देवदत्त!" सिद्धार्थ विनम्रता से बोले, "मैं यह हंस तुम्हें नहीं दे सकता। तुम इसे मार डालोगे।"

"मैं इसे मारूँ या छोड़ दूँ।" देवदत्त बोला, "यह मेरा शिकार है।"

"देवदत्त! मैंने इस हंस की प्राण-रक्षा की है, अतः यह मेरा है। मैं कदापि इसे तुम्हें नहीं दूँगा।"

इसी बात पर दोनों में वाद-विवाद होने लगा, किंतु कोई भी सार्थक परिणाम न निकला।

अतः विवाद राजदरबार में राजा शुद्धोधन के सामने पहुँचा। राजा ने गंभीरतापूर्वक दोनों की बातें सुनीं।

"महाराज!" देवदत्त बोला, "मैंने हंस का शिकार किया है। मेरे तीर से घायल होकर हंस पृथ्वी पर गिर पड़ा था। अतः इस पर मेरा अधिकार है और यह मुझे ही मिलना चाहिए।"

अब राजा शुद्धोधन ने सिद्धार्थ का पक्ष सुना।

"महाराज!" सिद्धार्थ ने कहा, "यह हंस पृथ्वी पर मरणासन्न अवस्था में

पड़ा हुआ था। यदि मैं इसके पंखों में से तीर निकालकर इसका उपचार न करता तो संभवतः यह तभी प्राण त्याग देता। मैंने इसकी प्राणरक्षा की है। अतः इस पर मेरा अधिकार है और यह मेरे पास ही रहना चाहिए।"

राजा ने इस विवाद पर दरबारियों के विचार भी सुने। अंततः राजा ने निर्णय दिया, "देवदत्त! तुमने हंस के प्राणहरण की चेष्टा की, जबकि सिद्धार्थ ने प्राणरक्षा की। प्राणहरण की अपेक्षा प्राणरक्षा करने वाले का हंस पर अधिकार है। अतः यह हंस सिद्धार्थ का है।"

दरबारियों ने मुक्त कंठ से राजा के निर्णय की सराहना की, जबकि अपने विपरीत निर्णय सुनकर देवदत्त सिद्धार्थ के प्रति क्रोध और ईर्ष्या से सुलग उठा।

धनी और निर्धन का अंतर

राजा शुद्धोधन राजकुमार के लिए वैभव-विलास के जितने साधन जुटा रहे थे, उतने ही वे उससे विमुख होते जा रहे थे। एक दिन सिद्धार्थ का बालसखा बसंतक सिद्धार्थ से बोला, "राजकुमार! आपके माता-पिता आपसे कितना प्रेम और स्नेह करते है। उन्होंने आपके लिए संसार में लगभग सभी सुख उपलब्ध करा दिए हैं।"

"बसंतक!" सिद्धार्थ बोले, "संसार के सभी माता-पिता अपनी संतान से प्रेम और स्नेह करते हैं। जिनके माता-पिता की जितनी सामर्थ्य होती है, वे अपनी संतान को सुख-सुविधाएँ उपलब्ध कराते हैं, किंतु यहाँ पर एक गंभीर प्रश्न उठता है।"

"वह क्या?"

"संसार में सभी लोग एक समान क्यों नहीं हैं? किसी के पास धन की मात्रा इतनी अधिक है कि वह इसे कहाँ खर्च करे, नहीं समझ पाता, जबकि दूसरी ओर किसी के पास इतना भी धन नहीं है कि दो रोटी जुटा सके, संसार में यह अन्याय क्यों, बसंतक?"

"यह तो विधाता की लीला है, राजकुमार।"

यह कहकर बसंतक तो मौन हो गया, किंतु राजकुमार सिद्धार्थ गहरे सोच में पड़ गए।

राजकुमार सिद्धार्थ संसार के सभी वैभव-विलास के प्रति विरक्ति का भाव रखते थे, यह देखकर राजा शुद्धोधन चिंतित हो उठे। उन्हें असित ऋषि और राज ज्योतिषी की भविष्यवाणी याद आने लगी।

राजा शुद्धोधन को लगा कि राजकुमार सिद्धार्थ में सम्राट् की अपेक्षा संत के गुण अधिक हैं। कहीं वह राज्य का त्याग कर संन्यास ही न ग्रहण कर ले।

यह सोचकर राजा चिंतित हो उठे।

अब राजा ने ऐसा कोई उपाय करने का निश्चय किया, जिससे सिद्धार्थ पूरी तरह सांसारिक हो सके। अतः इस विषय में उन्होंने रानी प्रजावती से भी गहन विचार-विमर्श किया।

कुछ समय पश्चात् रानी प्रजावती बोली, "महाराज! राजकुमार सिद्धार्थ को सामान्यतः वैभव-विलास की कोई भी सामग्री अपनी ओर आकर्षित नहीं कर पाई। अब अंतिम अस्त्र के रूप में केवल एक ही उपाय है।"

"कैसा अंतिम अस्त्र और कैसा उपाय महारानी?" राजा शुद्धोधन उत्सुकता से बोले, "अपनी बात पूरी तरह से स्पष्ट करो।"

"देव! अब राजकुमार युवा हो चुके हैं, यदि हम उनका किसी सुंदर राजकुमारी से विवाह कर दें तो वह उसके सौंदर्य-पाश में जकड़ा जा सकता है।"

"कदाचित् आपकी बात ठीक लगती है, महारानी। यदि हम राजकुमार का विवाह कर दें तो वह निश्चय ही विवाह-बंधन में जकड़ा जा सकेगा।"

"तब शीघ्र ही राजकुमार के विवाह हेतु स्वयंवर का आयोजन कीजिए, महाराज।"

"हाँ अवश्य! हम ऐसा ही करेंगे?" कहते हुए राजा शुद्धोधन के मुखमंडल पर दृढता के भाव छा गए।

❑

सिद्धार्थ और यशोधरा

कुछ समय पश्चात् ही राजा शुद्धोधन ने अपने निश्चय को कार्यरूप में परिणत कर दिया। अपने राज्य के सभी निकटवर्ती राजाओं को उन्होंने अपनी राजकुमारियों के साथ राजकुमार सिद्धार्थ के स्वयंवर में आने के लिए आमंत्रित किया।

राजकुमार सिद्धार्थ अत्यंत सुंदर, उदार और प्रतिभाशाली थे। प्रत्येक राजा अपनी पुत्री का विवाह उनके साथ करने के लिए उत्सुक था।

स्वयंवर की तिथि और वार निश्चित कर दिए गए थे। निर्धारित समय पर विभिन्न राज्यों के राजा अपनी पुत्रियों के साथ स्वयंवर में आ विराजे। स्वयंवर मंडप में सभी अभ्यागतों के बैठने और विश्राम की समुचित व्यवस्था की गई थी।

मंडप को रंग-बिरंगे पुष्प मालाओं से सुसज्जित किया गया था। एक ओर एक ऊँचे मंच पर राजकुमार सिद्धार्थ बैठे हुए थे। उनके निकट ही रत्नों और मोती-माणिक्यों से भरा एक थाल रखा गया था। राजा शुद्धोधन और राज्य के उच्चाधिकारी गण भी मंच पर एक ओर विराजमान थे।

राजा की आज्ञा से स्वयंवर की काररवाई आरंभ हुई। विभिन्न राज्यों की राजकुमारियाँ क्रमशः राजकुमार सिद्धार्थ के आसन के निकट पहुँचतीं और उन्हें अभिवादन करतीं, किंतु राजकुमार किसी की ओर दृष्टि उठाकर नहीं देख रहे थे।

राजकुमार सिद्धार्थ अपने निकट रखे थाल में से मुट्ठी भर मोती-माणिक्य उठाते और चुपचाप आने वाली राजकुमारी को भेंटस्वरूप दे देते। राजकुमारी उदास मुख लिये लौट जाती। बहुत देर से यही क्रम चलता रहा, यहाँ तक कि थाल के सभी मोती-माणिक्य इसी प्रकार राजकुमारियों में वितरित हो गए। अब केवल थाल ही शेष था।

अंततः एक राजकुमारी सिद्धार्थ के पास आई। उसकी आँखें चंचल हिरणी के समान थीं। उसकी पायलों की रून-झुन ने एकाएक राजकुमार सिद्धार्थ को अपनी ओर आकर्षित किया। राजकुमार ने उसकी ओर देखा तो राजकुमारी का मुख लाज की लालिमा से लाल हो गया।

इस राजकुमारी का नाम यशोधरा था। यशोधरा अभिवादन करके लौटने लगी तो राजकुमार सिद्धार्थ ने थाल में मोती निकालने के लिए हाथ डाला, किंतु थाल खाली देखकर वह सन्न रह गया।

राजकुमार सिद्धार्थ यशोधरा के सौंदर्य को सप्रेम-निहार रहे थे, किंतु जब उन्हें मोती-माणिक्य से भरा थाल रिक्त मिला तो बहुत संकोच हुआ। वे अपने मंच से उठ खड़े हुए और बिना कुछ सोचे-विचारे ही यशोधरा के सामने जा खड़े हुए।

तभी सिद्धार्थ ने अपने गले में पड़े बहुमूल्य मुक्ता हार को उतारा और निःसंकोच भाव से यशोधरा के गले में डाल दिया।

तभी स्वयंवर स्थल पर मंगल वाद्य बजने लगे और महाराज शुद्धोधन एवं राजकुमार सिद्धार्थ की जय-जयकार गूँजने लगी।

राजा शुद्धोधन ने आसन से खड़े होकर उपस्थित सभी गण्यमान्य जनों का आभार व्यक्त किया और राजकुमार सिद्धार्थ का राजकुमारी यशोधरा से विवाह करने की घोषणा कर दी। राजकुमारी यशोधरा के पिता ने भी उपस्थित जनों का धन्यवाद करते हुए राजा शुद्धोधन की घोषणा का अनुमोदन किया। इस विवाह घोषणा को सुनकर उपस्थित जनों को बड़ा हर्ष हुआ, किंतु वहाँ पर कम-से-कम एक व्यक्ति ऐसा भी उपस्थित था, जो इस घोषणा से विक्षुब्ध था।

❑

देवदत्त का विरोध

देवदत्त के मुख पर गहरे विषाद और क्षोभ के भाव थे। वह शीघ्रता से चलकर यशोधरा के पिता के पास पहुँचा और उनसे बोला, "राजन! आपने तो यह प्रतिज्ञा की थी कि जो भी वीर पुरुष अस्त्र-शस्त्र के संचालन में प्रतियोगिता का मुख्य विजेता रहेगा, उसी के साथ राजकुमारी यशोधरा का विवाह होगा।"

देवदत्त की बात सुनकर यशोधरा के पिता निरुत्तर हो गए। वास्तव में वे अपनी यह प्रतिज्ञा विस्मृत कर बैठे थे। अब उन्होंने तुरंत राजा शुद्धोधन से बात की और अस्त्र-शस्त्र की प्रतियोगिता आयोजित करने का अनुरोध किया। राजा शुद्धोधन ने अनुरोध स्वीकार कर लिया।

सभी जनों का विचार था कि राजकुमार सिद्धार्थ कोमल हृदय का और अहिंसा में विश्वास करने वाला राजकुमार है और वह इस प्रतियोगिता में सहज ही पराजित हो जाएगा; परंतु हुआ इसके विपरीत। राजकुमार सिद्धार्थ ने अपने सभी प्रतिद्वंद्वियों को पराजित करके प्रथम विजेता का पद प्राप्त किया।

राजकुमार सिद्धार्थ से पराजित होकर देवदत्त लज्जा से सिर झुकाकर वहाँ से चला गया। अपने राजकुमार की जीत पर राजा शुद्धोधन, रानी प्रजावती और सभी प्रजाजनों को आश्चर्य मिश्रित प्रसन्नता हुई। अब यशोधरा के पिता ने प्रसन्नतापूर्वक अपनी पुत्री का विवाह राजकुमार सिद्धार्थ के साथ कर दिया। यशोधरा सिद्धार्थ जैसा सुंदर, गुणवान और प्रतिभासंपन्न, वीर पति पाकर बड़ी प्रसन्न थी। इसी प्रकार सिद्धार्थ भी यशोधरा जैसी सुंदर, सुशील और सलज्ज अर्धांगिनी पाकर जैसे फूला न समाया था। यशोधरा को पाकर सिद्धार्थ जैसे स्वयं को भी भूल गया था। अपनी नवयौवना-नवविवाहित पत्नी के साथ वह प्रायः पुष्प वाटिका में घूमता रहता और उसके बालों में पुष्प सजाकर हँसता-मुसकराता रहता। ❑

सत्य से परिचय

राजकुमार सिद्धार्थ को यशोधरा का सौंदर्य पाश भी अधिक समय तक बाँधकर न रख सका।

एक दिन सिद्धार्थ के मन में नगर-भ्रमण की इच्छा हुई। उसने अपने सेवक छंदक को घोड़ा तैयार करने का आदेश दिया। छंदक ने सिद्धार्थ का प्रिय घोड़ा कथंक तैयार कर दिया और राजकुमार को उस पर सवार कराकर नगर-भ्रमण के लिए चल दिया।

राजाज्ञा द्वारा ऐसा प्रबंध करा दिया गया कि मार्ग में कोई भी ऐसा कारुणिक या कष्टदायी दृश्य न दिखाई पड़े, जिससे राजकुमार सिद्धार्थ के हृदय पर कुप्रभाव पड़े। उस मार्ग पर युवा और सुंदर युवक-युवतियाँ खड़े हुए थे, जो राजकुमार के ऊपर पुष्प-वर्षा कर रहे थे।

सहसा उस मार्ग से दूर एक अन्य मार्ग पर राजकुमार की दृष्टि पड़ी। वहाँ कोई वृद्ध व्यक्ति लाठी टेकता, कराहता हुआ धीरे-धीरे चल रहा था।

"छंदक!" सिद्धार्थ बोला, "वह व्यक्ति झुककर क्यों चल रहा है? उसके हाथ में डंडा क्यों है और वह इतना असुंदर क्यों है?"

छंदक ने एक क्षण उस वृद्ध व्यक्ति की ओर देखकर धीरे से कहा, "राजकुमार, वह व्यक्ति वृद्ध हो चुका है। अधिक आयु हो जाने के कारण उसका शरीर निर्बल होकर झुक गया है। इसी कारण वह लाठी का सहारा लेकर चलता है। आयु ने उसका चेहरा झुर्रियों से भर दिया है। इसी कारण वह असुंदर लगता है, अन्यथा वह भी कभी बहुत सुंदर रहा होगा।"

छंदक की बात सुनकर सिद्धार्थ बोला, "क्या सभी लोग वृद्ध हो जाने पर इसी प्रकार के हो जाते हैं?"

"हाँ राजकुमार! यही सत्य है।"

इस सत्य का परिचय पाकर राजकुमार सिद्धार्थ का अंतर्मन काँप उठा।

उसे अपने भविष्य की इस असहाय दशा की कल्पना से ही गहरा आघात लगा।

सिद्धार्थ ने नगर-भ्रमण करना निरस्त कर राजमहल लौट चलने की इच्छा प्रकट की।

महल में आकर जब छंदक ने राजा शुद्धोधन और रानी प्रजावती से मार्ग की घटना बताई तो उन्हें बड़ी चिंता हुई। उन्होंने राजकुमार के मनोरंजन के लिए नृत्य और गायन का आयोजन कराया और यशोधरा को राजकुमार का मन बहलाने के उपाय करने को कहा।

❑

मृत्यु ही अटल सत्य

एक दिन पुनः राजकुमार सिद्धार्थ को नगर-भ्रमण की इच्छा हुई। राजकुमार के आदेश पर छंदक ने रथ तैयार किया और सिद्धार्थ को लेकर नगर-भ्रमण को चल पड़ा। बहुत सावधानी के बाद भी मार्ग में एक करुणाजनक दृश्य दिखाई पड़ ही गया। वह व्यक्ति रोग की अधिकता के कारण निर्बल हो गया था। वह काँपता-कराहता एक ओर को चल रहा था।

उसे कराहते देख सिद्धार्थ ने पूछा, "इस व्यक्ति को क्या कष्ट है? यह कराह क्यों रहा है?"

"राजकुमार! यह व्यक्ति कभी बहुत शक्तिशाली था, किंतु रोग ने इसे निर्बल बना दिया है और रोग के कष्टों के कारण ही यह कराह-चिल्ला रहा है।"

"ओह! क्या यह रोग हर किसी को हो जाता है?"

"हाँ राजकुमार! रोग राजा, रंक, छोटा, बड़ा और स्त्री-पुरुष किसी में भेद नहीं करता। यह किसी को भी अपनी चपेट में ले लेता है।"

छंदक की बात सुनकर राजकुमार क्षणभर के लिए विचारमग्न हो गया।

छंदक धीरे-धीरे रथ आगे बढ़ा रहा था। अभी उनकी दृष्टि से एक दृश्य हटा ही था कि एक और कारुणिक दृश्य उनके सामने आ गया। चार व्यक्ति एक शैया को चारों कोनों से थामे बढ़े चले जा रहे थे। उनके पीछे कुछ व्यक्ति रोते हुए और कुछ मौन चल रहे थे।

"छंदक! यह क्या है?" राजकुमार ने पूछा।

"राजकुमार! एक व्यक्ति की मृत्यु हो गई है। ये लोग शैया पर डालकर उसका अंतिम संस्कार करने ले जा रहे है। जो व्यक्ति उसके पीछे रोते हुए चल रहे हैं, वे मरने वाले के परिजन हैं।"

"इस व्यक्ति की मृत्यु क्यों हो गई, छंदक?"

"राजकुमार! मृत्यु तो अटल सत्य है। यह तो संसार के सभी प्राणियों को आनी है।"

"तब क्या मैं, यशोधरा, महाराज आदि सभी मृत्यु को प्राप्त होंगे?"

"अवश्य राजकुमार! कुछ समय पहले या बाद में सभी प्राणियों की मृत्यु होनी निश्चित है, जो जन्म लेता है, वह मृत्यु को अवश्य प्राप्त होता है।"

छंदक की बात सुनकर सिद्धार्थ मौन हो गया। रथ धीरे-धीरे आगे बढ़ रहा था। राजकुमार सिद्धार्थ की आँखों के सामने दृश्य लगातार बदलते जा रहे थे। सिद्धार्थ अभी विचारमग्न ही था कि आगे से भगवा वस्त्र धारण किए एक व्यक्ति आता हुआ दिखाई दिया। तप और साधना से उस व्यक्ति का मुखमंडल दमक रहा था। उसके होंठों पर स्थायी मुसकान विराजमान थी।

सिद्धार्थ ने उसे देखकर पूछा, "छंदक! यह प्रसन्नचित्त और तेजस्वी पुरुष कौन है?"

"राजकुमार! यह तपस्वी-संन्यासी है। यह संसार के राग-द्वेष से मुक्त है। संसार में कुछ भी होता रहे, यह सदैव निर्लिप्त रहता है। इसी कारण यह सदैव प्रसन्न रहता है।"

अब राजकुमार सिद्धार्थ ने मन-ही-मन विचार किया कि इस संसार के भोग विलास में कुछ नहीं रखा। अब मैं भी इस संसार में निर्लिप्त होकर संन्यासी ही बनूँगा। यह विचार कर उसे कुछ संतुष्टि मिली।

❑

सत्य की खोज

राजकुमार सिद्धार्थ ने मन-ही-मन ठान लिया था कि अब उन्हें भी संसार का मोह त्यागकर संन्यासी हो जाना है। सांसारिक सुख, ऐश्वर्य और वैभव विलास में जीवन को व्यर्थ नष्ट करना उचित नहीं है। संसार के रिश्ते-नातों और वैभव प्रदर्शन से उन्हें गहन विरक्ति होने लगी। इसी विरक्ति ने उनके अंतर से संसार की प्रत्येक जड़-चेतन वस्तु-व्यक्ति से मोह को निकालकर बाहर किया।

जब सिद्धार्थ नगर-भ्रमण से महल में लौटा तो उसे शुभ समाचार मिला कि यशोधरा ने एक सुंदर पुत्र को जन्म दिया है। इसी उपलक्ष्य में सारे महल में मंगलगीत गाए जा रहे थे और महल को ही नहीं, राज्यभर को तरह-तरह से सजाया जा रहा था।

महाराज शुद्धोधन और महारानी प्रजावती की प्रसन्नता की कोई सीमा न थी, किंतु इस शुभ समाचार को सुनकर भी राजकुमार सिद्धार्थ ने कोई प्रतिक्रिया व्यक्त न की। ऐसा लगता था कि उनके मन में निर्लिप्तता की भावना अपनी जड़ें जमा चुकी थी। सांसारिकता से उनका पूर्णतया मोह भंग हो गया था।

राजमहल में तरह-तरह के उत्सव और नृत्यगान के आयोजन हो रहे थे, किंतु किसी भी आयोजन में सिद्धार्थ का मन न लगा।

सिद्धार्थ को पुत्र होने की न तो प्रसन्नता हुई और न ही शोक हुआ। जब शिशु का नामकरण किया गया तो वे मौन ही रहे, निर्लिप्त ही रहे। शिशु का नाम 'राहुल' रखा गया।

राहुल अभी अत्यंत छोटा ही था कि सिद्धार्थ ने गृह-त्याग कर सत्य की खोज में निकलने का निर्णय किया। यह आषाढ की पूर्णिमा थी। चाँद पृथ्वी पर

अपनी शीतल छटा बिखेर रहा था। सिद्धार्थ ने अंतिम बार राहुल और यशोधरा की ओर देखा और राजमहल छोड़कर बाहर निकल आए।

सिद्धार्थ ने अपने सेवक छंदक को निद्रा से जगाया और रथ तैयार करने को कहा। छंदक ने सोचा, संभवतः स्वामी इस समय भ्रमण करने की इच्छा रखते हैं। उसने तुरंत रथ तैयार कर दिया। रथ में सवार होकर सिद्धार्थ ने छंदक को वन की ओर चलने को कहा।

अनोमा नदी के निकट जंगल में जाकर सिद्धार्थ ने छंदक से रथ रोकने को कहा। रथ रुकते ही वे रथ से नीचे आ गए। सिद्धार्थ ने अपने सभी राजसी अलंकरण और वस्त्र उतारकर छंदक को सौंपे और उसे महल लौट जाने का आदेश दिया।

सिद्धार्थ का आदेश सुनकर छंदक फूट-फूटकर रोने लगा।

"राजकुमार!" छंदक शोकाकुल स्वर में बोला, "जब महाराज और महारानी आपके संन्यासी होने का समाचार सुनेंगे तो उनका तो हृदय ही फट जाएगा। वे इस दुख को कैसे सहन कर पाएँगे?"

"छंदक! यह संपूर्ण संसार ही दुखों का मेला है। संसार में रहकर केवल दुख ही पाया जा सकता है। यदि सुख पाना है तो यह संसार छोड़ना होगा। मैं सुख-दुख की इस श्रृंखला को समाप्त करने के लिए ही गृह त्याग कर रहा हूँ।" और फिर सिद्धार्थ ने कटार से अपने रेशमी, मुलायम केशों को काट डाला।

छंदक को उन्होंने समझाते हुए कहा, "छंदक! माता-पिता को मेरा प्रणाम कहना और कहना कि संसार के दुखों-कष्टों को समाप्त करके मुक्ति का मार्ग खोजने के लिए ही मैं गृहत्याग कर रहा हूँ।"

और इसके बाद सिद्धार्थ ने छंदक को महल लौट जाने का आदेश दिया।

सिद्धार्थ के आदेश पर छंदक शोक-निमग्न हो, राजकुमार को प्रणाम करके राजमहल की ओर लौट चला।

छंदक ने राजमहल में लौटकर राजकुमार सिद्धार्थ के गृहत्याग की सूचना दी तो महाराज शुद्धोधन और महारानी प्रजावती का दुख से बुरा हाल हो गया। यशोधरा तो नीर बहाती हुई विलाप कर उठी।

राजा शुद्धोधन के मुख से निकला, "आज विद्वान् पंडितों और ज्योतिषियों की भविष्यवाणी सत्य हो गई। मेरा प्रिय पुत्र गृह त्याग कर लोक का कल्याण करने के लिए संन्यासी बनने को निकल पड़ा। उसे मेरे अनेकों प्रयास भी न रोक पाए।"

यशोधरा ने अपने पति के राजसी अलंकरणों के त्याग की बात सुनकर अपने शरीर से सभी अलंकरण त्याग दिए, केवल सुहाग-चिह्नों को ही शरीर पर धारण किया। यहाँ तक कि पृथ्वी पर सोना और पत्तल पर खाना उसने अपना नियम बना लिया।

राजकुमार सिद्धार्थ के गृह-त्याग से राजमहल में शोक का सन्नाटा छा गया। राजमहल का वाद्य-संगीत और पायल की रुन-झुन भी न जाने कहाँ खो गई।

❑

साधना की ओर

राजकुमार भ्रमण करते हुए मगध की राजधानी राजगृह के निकट पहुँचे। राजगृह के निकट पहाड़ की अनेक कंदराएँ थीं। सिद्धार्थ ने इन्हीं कंदराओं को अपना बसेरा बनाया। इन कंदराओं में एक मर्मज्ञ आचार्य आलाड़ साधनारत रहते थे। सिद्धार्थ ने आचार्य आलाड़ से ही साधना के गूढ़ रहस्य प्राप्त किए और उनके निर्देश पर ही तपश्चर्या में जुट गए। यहाँ पर उन्होंने कठोरतापूर्वक नियम-संयम का पालन करते हुए तपश्चर्या आरंभ कर दी। वे साधना में इतना रत हो जाते थे कि उन्हें अपने तन-मन की भी कोई सुध-बुध न रहती थी। इस कठोर साधना से उनका बलिष्ठ शरीर धीरे-धीरे निर्बल होने लगा, किंतु उन्होंने अपनी तपश्चर्या जारी रखी, किंतु इतना कुछ होने पर भी उनके मन को तनिक भी शांति प्राप्त न हो सकी। इसके विपरीत, यहाँ उन्हें और भी अधिक उद्विग्नता ने घेर लिया।

उस समय मगध का सम्राट् बिंबसार था। जब सम्राट् ने यह सुना कि कपिलवस्तु का राजकुमार राज-पाट त्याग पहाड़ों की कंदराओं में साधना कर रहा है तो उन्हें बड़ी उत्सुकता हुई कि उनके दर्शन किए जाएँ।

एक दिन सम्राट् बिंबसार सिद्धार्थ के दर्शन करने वहाँ आ पहुँचा।

सम्राट् ने सिद्धार्थ को देखा कि राजकुमार का शरीर बड़ा कोमल और सुंदर है। उन्हें सिद्धार्थ पर दया आने लगी। सिद्धार्थ को सम्राट् के आने का आभास मिला तो उन्होंने आँखें खोलकर उन्हें प्रणाम किया और वहाँ आने का कारण पूछा।

सम्राट् बोले, "राजकुमार! इतने कोमल शरीर से इतनी कठोर साधना करना तो अपने ही शरीर पर अन्याय करना होगा। यदि राज्य-सुख की आवश्यकता है तो मेरे साथ महल में चलो।"

"सम्राट्! यदि मैं राज्य सुख चाहता तो राजमहल का त्याग ही क्यों करता? मेरी इच्छा स्थायी सुख, स्थायी शांति प्राप्त करने की है।"

"ठीक है कुमार! जब तुम अपने उद्देश्य में सफलता प्राप्त कर लो तो एक बार मुझे दर्शन देने अवश्य आना।" कहकर सम्राट् वहाँ से चले गए।

❑

सिद्धार्थ से गौतम

आचार्य आलाड़ के निकट रहकर कठोर तपश्चर्या अपनाने पर भी सिद्धार्थ की उद्विग्नता घटने के बजाय बढ़ती चली गई तो उन्होंने वह स्थान छोड़ दिया। वहाँ से चलकर वे उस समय के सुप्रसिद्ध ऋषि अलारकालम के आश्रम में जा पहुँचे।

इस आश्रम में नियम-संयम से तो रहना ही पड़ता था, इसके अलावा यहाँ अध्ययन-अध्यापन की भी विशेष सुविधा थी। इस आश्रम में रहते हुए सिद्धार्थ ने वेद, उपनिषद् और दर्शनशास्त्र का गहरा अध्ययन किया। यह प्राप्त करने पर भी उन्हें ऐसा प्रतीत होता था कि जैसे उनका मन अतृप्त है। अतः उन्होंने यह आश्रम भी छोड़ दिया। इसके बाद वे उदक रामपुत्र नामक ऋषि के आश्रम में जा पहुँचे। यहीं पर उन्हें गौतम नाम मिला। यहाँ सभी लोग इन्हें सिद्धार्थ की बजाय 'गौतम' नाम से संबोधित करते थे। यहाँ भी उन्हें शांति प्राप्त न हो सकी।

अंततः वे उरुबेला नामक स्थान पर जा पहुँचे। यहाँ पर उनके साथ पाँच ब्रह्मचारी भी हो लिये। यहाँ उन्होंने छह वर्ष तक निराहार रहकर कठोर तपस्या की। इस तरह उनका शरीर हड्डियों का ढाँचा मात्र रह गया।

कठोर निराहार तपश्चर्या से भी सिद्धि प्राप्त न हुई तो गौतम ने विचार किया कि इससे तो मृत्यु प्राप्त हो सकती है, किंतु सिद्धि कदापि नहीं।

इसी बीच एक शूद्र ग्वाले की कन्या सुजाता ने एक मन्नत माँग रखी थी कि यदि उसे उसकी इच्छानुसार पति और पुत्र प्राप्त हुआ तो वह वन देवता के रूप में बरगद की पूजा करेगी। सुजाता की इच्छा पूर्ण हुई थी। अतः उसने अपनी मन्नत के अनुसार एक हजार गायों का दूध निकालकर सौ गायों को पिलाया और उन सौ गायों का दूध निकालकर दस को और दस का दूध

निकालकर एक गाय को पिलाया, फिर उस एक गाय के दूध की खीर बनाकर बरगद वृक्ष के निकट आई। वहाँ गौतम बैठे साधना कर रहे थे। सुजाता ने खीर गौतम के सामने रख दी। गौतम ने निस्संकोच होकर खीर का भोग लगाया।

यह देखकर उनके निकट साधना कर रहे पाँचों ब्रह्मचारियों ने उन्हें भोग-लिप्त समझकर त्याग दिया। अल्प मात्रा में खीर को भोग लगाकर गौतम को संतुष्टि मिली और उन्होंने पुनः साधना आरंभ कर दी।

खीर का भोग लगाकर जब गौतम का मन साधना में भली प्रकार रत न हुआ तो वे निरंजना (फल्गू) नदी के पास पीपल के वृक्ष के नीचे साधना में रत हो गए।

साधना करते हुए उनका मन चंचल हो उठता था। उन्हें कभी अपने माता-पिता, कभी पत्नी-पुत्र तो कभी राजमहल आकर्षित करने लगते, किंतु उन्होंने संयम न छोड़ा। मन पर विजय प्राप्त करके वे ध्यान की पहली अवस्था तक जा पहुँचे। धीरे-धीरे उन्होंने ध्यान की चारों अवस्थाओं को प्राप्त कर लिया। अब भूत-भविष्य सभी उनके सामने चलचित्र के समान प्रकट होने लगे थे।

उस समय रात्रि का तीसरा प्रहर चल रहा था। चारों ओर नीरव सन्नाटे का साम्राज्य था। उस गहन शांति के बीच गौतम को अपने अंतर में एक अनूठा प्रकाश जगमगाता प्रतीत हुआ। अनुपम ज्ञान की ज्योति उनके अंतर्मन को आलोकित करती प्रतीत हुई, तभी उन्हें शाश्वत सत्य के दर्शन हुए। उनके सारे संशय और भ्रम नष्ट हो गए और मन को असीम शांति प्राप्त हुई।

❑

गौतम को बोध प्राप्ति

निरंतर सात दिन और सात रात्रि गौतम पीपल के वृक्ष के नीचे बैठे थे। उस दिन वैशाख पूर्णिमा थी। रात्रि में चंद्रमा अपनी शीतल चाँदनी से संसार को अमृत तुल्य शीतलता से जगमगा रहा था। इस रात्रि को गौतम को बोध (ज्ञान) की प्राप्ति हुई और वे 'गौतम बुद्ध' कहलाने लगे। जिस पीपल वृक्ष के नीचे गौतम को बोध की प्राप्ति हुई, उसे 'बोधि वृक्ष' कहा गया।

बोध गया (बिहार) के प्राचीन मंदिर के पीछे आज भी यह बोधि वृक्ष और वज्रासन विद्यमान हैं।

गौतम को जिस समय बोध की प्राप्ति हुई, उस समय उनकी आयु पैंतीस वर्ष थी। देवताओं ने इस समय उन पर पुष्प वर्षा कर अपनी प्रसन्नता प्रकट की।

गौतम बुद्ध ने विकारों और तृष्णा को नष्ट करने का मार्ग ढूँढ़ लिया था। उन्हें मृत्यु से अमर्त्य की ओर आने का मार्ग मिल गया था और निर्वाण की प्राप्ति हो गई थी। संसार के रोग-शोक, हर्ष-विषाद अब गौतम बुद्ध के ऊपर कोई प्रभाव नहीं डाल सकते थे। उन्हें दिव्य ज्ञान की प्राप्ति हो गई थी और उसी दिव्य ज्ञान की छटा बिखेरने के लिए वे भ्रमण को निकल पड़े।

जो पाँच ब्रह्मचारी गौतम बुद्ध को भोग लिप्त मानकर त्याग आए थे, वे एक स्थान पर साधना कर रहे थे। भ्रमण करते हुए गौतम बुद्ध उधर से आ निकले। पाँचों ब्रह्मचारियों ने गौतम बुद्ध की दिव्य मुख-मुद्रा देखी तो चकित रह गए। वे समझ गए थे कि उन्हें बोध की प्राप्ति हो गई है। वे पाँचों गौतम बुद्ध के चरणों पर गिर पड़े।

बुद्ध ने उन्हें अपना शिष्य बना लिया और उन्हें उपदेश दिया। इस उपदेश में बुद्ध ने कहा, "धर्म परायण जीवन जीने के लिए मर्यादा का पालन करो।

तृष्णा को त्याग दो और जाति-पाँति के भेदभाव को समाप्त करो तथा सभी से मृदुल, मधुर व्यवहार करो।"

गौतम बुद्ध का यह उपदेश धर्म-चक्र प्रवर्तन कहा गया। यह उपदेश अत्यंत सरल और स्वीकार्य था। इससे सामान्यतः सभी का भला होता था। अतः कुछ ही समय में बुद्ध के सैकड़ों शिष्य बन गए। इसके बाद उन्होंने संपूर्ण देश में धर्म प्रचार आरंभ कर दिया। उन्होंने अपने साठ प्रमुख शिष्यों को धर्म प्रचार के लिए चारों दिशाओं में भेज दिया।

गौतम बुद्ध वर्ण-भेद, रूढ़िवाद और यज्ञ के लिए की जाने वाली हिंसा के विरुद्ध थे। वे कहा करते थे-"हिंसा मानवीय धर्म नहीं है। यदि बलि देने की इच्छा है तो प्राणी मात्र की बलि देने की अपेक्षा अपने विकारों और वासनाओं की बलि दो।" हिंसा करके (बलि देकर) शुभत्व की प्राप्ति नहीं हो सकती।

गौतम बुद्ध ने जाति-भेद और वर्ण व्यवस्था का भी विरोध किया। इस बारे में वे कहा करते थे, "जन्म से कोई भी मनुष्य न तो ब्राह्मण और न ही शूद्र। मैं न ब्राह्मण हूँ, न क्षत्रिय हूँ, न वैश्य हूँ और न शूद्र। ये सभी धर्म के आडंबर मात्र हैं। मैं एक सामान्य जन हूँ।"

जब कोई व्यक्ति संघ में सम्मिलित होता तो उससे उसके जाति-धर्म के बारे में कुछ भी नहीं पूछा जाता था। उससे केवल तीन बार निम्न उच्चारण कराया जाता था-

'बुद्धं शरणं गच्छामि।
संघं शरणं गच्छामि।
धर्मं शरणं गच्छामि।।'

यह सूत्र उच्चारण करने पर श्रद्धालु को संघ में सम्मिलित कर लिया जाता था।

❑

यक्ष का उत्पात

श्रावस्ती नगर के अड़विक गाँव में एक बड़ा दुर्दांत यक्ष रहता था, एक पीपल वृक्ष के ऊपर जिसका वास था। वह नित्य एक प्राणी की जान लेता था। लोग उसके भय से क्रमवार व्यक्ति को उसके पास भेजते थे।

प्रभु गौतम जनता के हित में उस दुष्ट से पीछा छुड़ाने के लिए एक बार उस गाँव में गए। लोगों ने उनको यक्ष के बारे में विस्तार से बताया। प्रभु ऐसा सुन वहाँ पर गए जहाँ उसका वास था। तथागत ने उसी पीपल वृक्ष के नीचे अपना आसन लगा लिया और बैठ गए।

उसने प्रभु को वहाँ बैठा देखा तो समझ गया कि मेरा आहार आ गया। वह वृक्ष के नीचे उतरा और कटार लेकर प्रभु को मारने दौड़ा। ज्यों ही उसकी दृष्टि प्रभु के मुख की ओर गई, वह उसी समय प्रभु के चरणों में गिर पड़ा और गौतम के उपदेश से उसने हमेशा के लिए हिंसा का त्याग कर दिया।

❑

साधु का नुस्खा

एक समय गौतम बुद्ध अपने शिष्यों के साथ भ्रमण कर रहे थे। भ्रमण करते समय सभी एक स्थान पर विश्राम के लिए बैठ गए। समय बिताने के लिए भगवान् बुद्ध ने अपने शिष्यों को एक कथा सुनाई–

किसी नगर में एक व्यक्ति रहता था। उसने परदेश के साथ व्यापार किया। मेहनत फली, कमाई हुई और उसकी गिनती सेठों में होने लगी। महल जैसी हवेली बन गई। वैभव और बड़े परिवार के बीच उसका जीवन बड़े आनंद से बीतने लगा।

एक दिन किसी दूसरे नगर से उसका एक संबंधी आया। बातचीत के बीच उसने बताया कि उसके यहाँ का सबसे बड़ा सेठ गुजर गया। बेचारे की लाखों की धन-संपत्ति पड़ी रह गई।

बात सहज भाव से कही गई थी, पर उस आदमी के मन को डगमगा गई। हाँ, उस सेठ की तरह एक दिन वह भी तो मर जाएगा। उसी क्षण से उसे बार-बार मौत की याद सताने लगी। हाय मौत आएगी, उसे ले जाएगी और सबकुछ यहीं छूट जाएगा। मारे चिंता के उसकी देह सूखने लगी। देखने वाले देखते कि उसे किसी चीज की कमी नहीं है, उस पर उसके भीतर का दुख ऐसा था कि किसी से कहा भी नहीं जा सकता था। धीरे-धीरे वह बिस्तर पर पड़ गया। बहुत इलाज कराया गया, लेकिन उसका रोग कम होने की बजाय बढ़ता ही गया। एक दिन एक साधु उसके घर पर आया। उस आदमी ने बेबसी से उसके पैर पकड़ लिए और रो-रोकर अपनी व्यथा उसे बता दी।

सुनकर साधु हँस पड़ा और बोला, "तुम्हारे रोग का इलाज तो बहुत ही सरल है।" उस आदमी के खोए प्राण मानो लौट आए। अधीर होकर उसने पूछा, "स्वामीजी, वह इलाज क्या है?"

साधु ने कहा, "देखो, मौत का विचार जब मन में आए, जोर से कहो, जब तक मौत नहीं आएगी, मैं जीऊँगा। इस नुस्खे को सात दिन तक आजमाओ, मैं अगले सप्ताह आऊँगा।"

सात दिन के बाद साधु महाराज आए तो देखते क्या हैं कि वह आदमी बीमारी के चंगुल से बाहर आ गया है और आनंद के गीत गा रहा है। साधु को देखकर वह दौड़ा और उसके चरणों में गिरकर बोला, "महाराज, आपने मुझे बचा लिया। आपकी दवा ने मुझ पर जादू का सा असर किया है। मैंने समझ लिया कि जिस दिन मौत आएगी, उसी दिन मरूँगा, उससे पहले नहीं।"

साधु ने कहा, "वत्स! मौत का डर सबसे बड़ा डर है। वह जितनों को मारता है, मौत उतनों को नहीं मारती।"

❑

त्याग का महत्त्व

एक दिन भ्रमण करते हुए गौतम बुद्ध के एक शिष्य ने त्याग का महत्त्व जानने की जिज्ञासा प्रकट की। तभी गौतम बुद्ध ने अपने सभी शिष्यों को एक स्थान पर बैठने का आदेश दिया और त्याग का महत्त्व समझाते हुए उन्हें एक कथा सुनाई–

किसी देश में एक राजा राज करता था। वह बहुत ही अभिमानी था। अपने बराबर किसी को नहीं समझता था। कारण, उसका राज्य विशाल था। राजकोष धन से भरा था। उसके पास बहुत बड़ी सेना थी और उसके आस–पास नौकर–चाकरों की पलटन थी, जो हर घड़ी उसका हुक्म बजाती रहती थी। चापलूस उसके अहंकार को बढ़ावा देते रहते थे। संयोग से एक दिन एक फकीर उस राजा के यहाँ आया। उसके चेहरे पर तेज चमक रहा था और आँखों में प्रेम भरा था। उसने राजा की ओर देखा और उसकी भाव–भंगिमा से क्षणभर में ताड़ गया कि राजा धन–दौलत और सत्ता के मद में चूर है, उसकी भीतर की आँखें बंद हैं। अपने स्वभाव के अनुसार राजा ने कड़ककर पूछा, "फकीर, तुझे क्या चाहिए?"

मुसकराकर फकीर ने कहा, "राजन्, मैं आपसे कुछ लेने नहीं, अपितु आपको कुछ देने आया हूँ।"

सुनकर राजा के अभिमान को गहरी चोट लगी। उसने सोचा कि इस भिखमंगे की इतनी जुर्रत कि मुझ जैसे वैभवशाली और सर्वसत्ताधारी के साथ ऐसा व्यवहार करे।

राजा ने चीखकर कहा, "ऐ फकीर! छोटे मुँह बड़ी बात करते तुझे शर्म नहीं आती? जिसके पास फूटी कौड़ी भी नहीं, वह किसी को क्या देगा? जो स्वयं दर–दर से भीख माँगता है, वह राजा की बराबरी क्या करेगा?"

फकीर राजा की गर्वोक्ति सुनकर हँसता हुए बोला, "आप ठीक कहते हैं महाराज, आपके पास बहुत कुछ है, जो मेरे पास नहीं है, पर राजन् अकिंचन के पास भी कुछ होता है, जो दुनिया की माया से अधिक महत्त्व रखता है।"

राजा की आँखों में खून उतर आया, "अपनी बकवास बंद करो।"

जैसे किसी रोगी से बात कर रहा हो, फकीर ने कहा, "राजन्, बिना त्याग के भोग बेस्वाद है। वैभव में जब त्याग जुड़ जाता है तो वह महक उठता है। जानते हो, त्याग के आते ही अहंकार मिट जाता है, आसक्ति दूर हो जाती है और अंदर की आँखें खुल जाती हैं।"

फकीर के शब्दों में मानो कोई जादू था। राजा को बोध हुआ, उसका सोया हुआ इनसान जाग उठा, उसने अनुभव किया कि त्यागी के आगे भोगी कितना छोटा है। उसकी आँखों से अज्ञान का परदा हटते ही उसके जीवन में एक नया मोड़ आ गया।

"अतः कहना उचित नहीं होगा कि त्याग का महत्त्व सर्वोपरि होता है।" कहते हुए बुद्ध ने सभी शिष्यों को आगे चलने का आदेश दिया।

❑

बिना सेवा विद्या नाहि

धीरे-धीरे शाम ढलती जा रही थी। अँधेरा गहराता जा रहा था। बुद्ध के शिष्यों के चेहरों पर थकान साफ झलक रही थी, बुद्ध समझ चुके थे कि शिष्यों को विश्राम की आवश्यकता है। अतः उन्होंने एक सुरक्षित स्थान देखकर शिष्यों को रुकने का आदेश दिया।

कुछ समय पश्चात् एक शिष्य ने बुद्ध से प्रश्न किया, ''भंते! क्या विद्या को किसी से बल द्वारा भी सीखा जा सकता है?"

"कदापि नहीं, विद्या को केवल सेवा-भाव से ही सीखा जा सकता है।" इसी संबंध में मैं तुम्हें एक बहुत बलशाली राजा की कथा सुनाता हूँ, सुनो-

एक फकीर था। वह जंगल में घास-फूस की कुटिया बनाकर रहता था। उसे एक विद्या आती थी, वह पीतल को सोना बना देता था, लेकिन इस विद्या का प्रयोग वह तभी करता था, जब उसे उसकी बहुत आवश्यकता होती थी और वह भी गरीबों के फायदे के लिए।

एक दिन एक बहुत ही गरीब ब्राह्मण उसके पास आया। उसको अपनी लड़की का विवाह करना था और उसके पास एक फूटी कौड़ी भी नहीं थी। उसने फकीर को अपनी परेशानी बताई। फकीर ने समझ लिया कि यह सचमुच परेशानी में है।

उसने पीतल के एक बरतन को सोने का बनाकर उसे दे दिया और कहा कि इस बरतन को बेचकर उन रुपयों से अपनी बेटी का विवाह कर लेना।

ब्राह्मण उस बरतन को लेकर एक सुनार की दुकान पर गया।

जब उसने सुनार को वह बरतन दिखाया तो सुनार को संदेह हुआ। ऐसे फटेहाल आदमी के पास सोने का बरतन! हो न हो, यह राजा का ही है। सुनार उसे पकड़कर राजा के पास ले गया। राजा ने पूछा कि क्या बात है। तो उसने

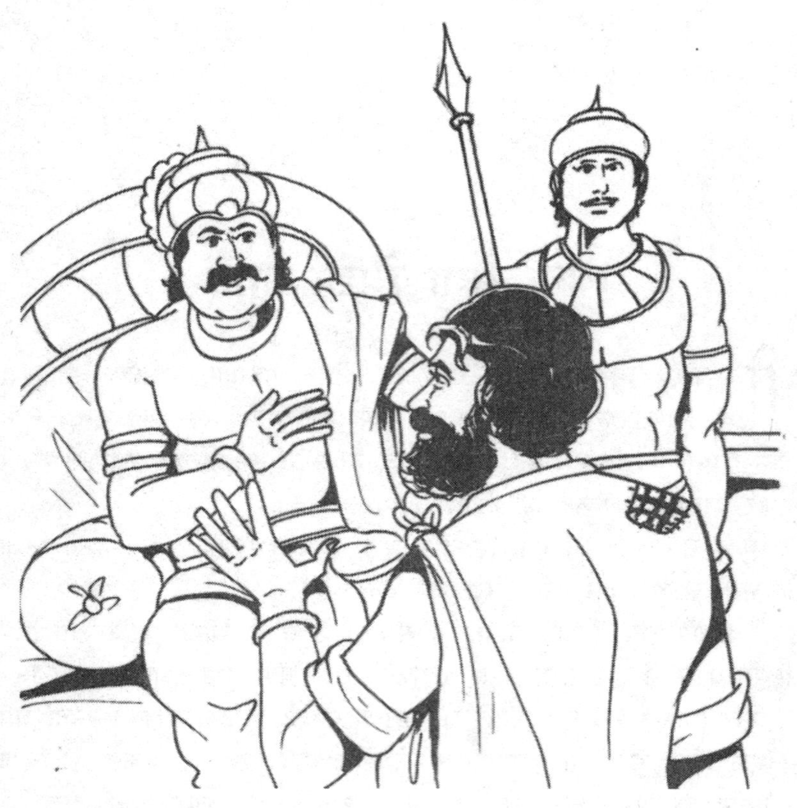

सारी बात सच–सच बता दी।

बात सुनकर राजा के मन में लालच आ गया। उसने सोचा, फकीर को बुलाकर यह विद्या अवश्य सीखनी चाहिए।

यह सोचकर उसने ब्राह्मण को तो छोड़ दिया, साथ ही अपने एक सिपाही से कहा कि जाओ और उस फकीर को पकड़कर ले आओ। सिपाही गया और थोड़ी देर में ही फकीर को लेकर आ गया। राजा ने कहा, "फकीर, तुम पीतल को सोना बनाना जानते हो?"

फकीर बोला, "जी हाँ।"

राजा ने कहा, "यह विद्या हमें सिखा दो।"

फकीर निडरता से बोला, "नहीं, मैं ऐसा नहीं कर सकता।"

"जानते हो, मैं कौन हूँ।" राजा ने कड़ककर कहा।

फकीर बोला, "जानता हूँ, खूब अच्छी तरह से जानता हूँ।"

राजा को बहुत गुस्सा आया।

उसने कहा, "मैं तुम्हें पंद्रह दिन का समय देता हूँ। अगर इस बीच तुमने मुझे विद्या सिखा दी तो ठीक, नहीं तो फाँसी पर लटकवा दूँगा।"

उसने फकीर को भेज दिया। वह रोज शाम को उसके पास सिपाही भेजता कि वह तैयार है या नहीं। फकीर का एक ही उत्तर-"नहीं।"

ऐसी विद्या को राजा छोड़ना नहीं चाहता। उसने देख लिया कि फकीर को डराने-धमकाने से कोई नतीजा नहीं निकलेगा तो उसने दूसरा उपाय सोचा। जब सात दिन बाकी रह गए तो उसने अपना भेष बदला और फकीर के पास जाकर उसकी सेवा करने लगा। उसने फकीर की इतनी सेवा की कि फकीर खुश हो गया। फकीर ने पूछा, "बोल, तू क्या चाहता है?"

राजा ने कहा, "मुझे आप वह विद्या सिखा दीजिए, जिससे आप पीतल से सोना बना देते हैं।"

फकीर ने उसे विद्या सिखा दी और कहा, "देख, इसका इस्तेमाल दीन-दुखियों की भलाई के लिए ही करना।"

राजा अपने महल में आ गया। पंद्रहवें दिन उसने फकीर को बुलाया और कहा, "बोलो, विद्या सिखाने को तैयार हो या नहीं?"

फकीर ने कहा, "नहीं।"

"तो तुम्हें फाँसी लगवा दूँ।"

"जरूर।"

तब राजा ने गर्व से हँसकर कहा, "जिस विद्या का तुम्हें इतना घमंड है, उसे मैं जानता हूँ।" इतना कहकर राजा ने एक पीतल के बरतन को सोने का बनाकर दिखा दिया।

फकीर ने कहा, "राजन, तुमने यह विद्या किसी की सेवा करके सीखी है। विद्या कभी भी डरा-धमकाकर हासिल नहीं की जा सकती।"

सभी शिष्य कहानी का अर्थ समझ चुके थे। इसके पश्चात् सभी ने एक साथ भोजन किया और विश्राम करने लगे।

❑

शांति का मार्ग

एक दिन गौतम बुद्ध अपने शिष्यों के मध्य शांति की चर्चा कर रहे थे। चर्चा करते हुए उन्होंने अपने शिष्यों को एक कथा सुनाई–

एक व्यापारी था। उसने व्यापार में खूब कमाई की। बड़े-बड़े मकान बनवाए, नौकर-चाकर रखे, लेकिन दुर्भाग्य की बात है कि उसके दिन फिर गए। व्यापार में घाटा आया और वह एक-एक पैसे के लिए मोहताज हो गया। जब उसकी परेशानी असहनीय हो गई, तब वह एक साधु के पास गया और रोते हुए बोला, "महाराज, मुझे कोई मार्ग बताइए, जिससे मुझे शांति मिले।"

साधु ने पूछा, "तुम्हारा सबकुछ चला गया?"

व्यापारी ने कहा, "हाँ महाराज।"

साधु बोला, "तुम्हारा था तो उसे तुम्हारे पास रहना चाहिए था। वह चला कैसे गया?"

व्यापारी चुप हो गया।

"जन्म के समय तुम अपने साथ कितना धन लाए थे?"

"स्वामीजी, जन्म के समय तो सब खाली हाथ आते हैं।"

साधु बोला, "ठीक है, अब यह बताओ कि मरते समय अपने साथ कितना ले जाना चाहते हो?"

"मरते समय साथ कौन ले जाता है, जो मैं ले जाऊँगा।"

साधु बोला, "जब तुम खाली हाथ आए थे और खाली हाथ जाओगे तो फिर चिंता किस बात की करते हो?"

व्यापारी ने कहा, "महाराज, जब तक मौत नहीं आती, तब तक मेरी और मेरे घरवालों की गुजर-बसर कैसे होगी?"

साधु हँस पड़ा–"जो धन के भरोसे रहेगा, उसका यही हाल होगा। तुम्हारे

हाथ-पैर तो हैं, उन्हें काम में लाओ। पुरुषार्थ सबसे बड़ा धन है। ईश्वर पर भरोसा रखो। शांति का यही एकमात्र मार्ग है।

व्यापारी की आँखें खुल गईं। उसका मन शांत हो गया। जाने कितने वर्षों के बाद पहली बार रात को उसे चैन की नींद आई और उसके शेष दिन बड़े आनंद में बीते।

❑

साधु का बोध

प्रातःकाल दैनिक कार्यों से निवृत्त होकर गौतम बुद्ध के सभी शिष्य एकत्र हो गए। गौतम बुद्ध ने संदेश देना आरंभ किया, बोले, "आज मैं तुम्हें ऐसे व्यक्ति की कथा सुनाता हूँ, जिसके पास सबकुछ होते हुए भी वह दुखी था।" गौतम बुद्ध ने कहना आरंभ किया–

किसी नगर में एक सेठ रहता था। उसके पास लाखों की संपत्ति थी, बहुत बड़ी हवेली थी, नौकर-चाकर थे। फिर भी सेठ के मन को शांति नहीं थी। एक दिन किसी ने उसे बताया कि अमुक नगर में एक साधु रहता है। वह लोगों को ऐसी सिद्धि प्राप्त करा देता है कि उससे मनचाही वस्तु मिल जाती है।

सेठ उस साधु के पास गया और उसे प्रणाम करके निवेदन किया, "महाराज, मेरे पास धन की कमी नहीं है, पर फिर भी मेरा मन बहुत अशांत रहता है। आप कुछ ऐसा उपाय बता दीजिए कि मेरी अशांति दूर हो जाए।"

सेठ ने सोचा कि साधु बाबा उसे कोई तावीज दे देंगे या और कुछ कर देंगे, जिससे उसकी इच्छा पूरी हो जाएगी; लेकिन साधु ने ऐसा कुछ भी नहीं किया।

अगले दिन उसने सेठ को धूप में बिठाए रखा और स्वयं अपनी कुटिया के अंदर छाया में जाकर चैन से बैठा रहा। गरमी के दिन थे। सेठ का बुरा हाल हो गया। उसको बहुत गुस्सा आया, पर वह उसे चुपचाप पी गया।

दूसरे दिन साधु ने कहा, "आज तुम्हें दिनभर खाना नहीं मिलेगा।"

भूख के मारे दिनभर सेठ के पेट में चूहे कूदते रहे। अन्न का एक दाना भी उसके मुँह में नहीं गया; लेकिन उसने देखा कि साधु ने तरह-तरह के पकवान उसी के सामने बैठकर बड़े आनंद से खाए।

सेठ सारी रात परेशान रहा। उसे एक क्षण को भी नींद नहीं आई। वह सोचता रहा कि साधु तो बड़ा स्वार्थी है।

तीसरे दिन सवेरे ही उठकर उसने अपना बिस्तर बाँधा और चलने को तैयार हो गया। तभी साधु बाबा उसके सामने आकर खड़े हो गए और बोले, "सेठ, क्या हुआ?"

सेठ ने कहा, "मैं यहाँ बड़ी आशा लेकर आपके पास आया था, लेकिन मुझे यहाँ कुछ नहीं मिला। उलटे ऐसी मुसीबतें उठानी पड़ीं, जो मैंने जीवन में कभी नहीं उठाईं। मैं जा रहा हूँ।"

साधु हँसकर बोला, "मैंने तुम्हें इतना कुछ दिया, पर तूने कुछ भी नहीं लिया।"

सेठ ने विस्मय भाव से साधु की ओर देखा और बोला, "आपने तो मुझे कुछ भी नहीं दिया।"

साधु ने कहा, "सेठ, पहले दिन जब मैंने तुम्हें धूप में बिठाया और स्वयं छाया में बैठा रहा। तब मैंने तुम्हें बताया कि मेरी छाया तेरे काम नहीं आ सकती। जब मेरी बात तेरी समझ में नहीं आई तो दूसरे दिन मैंने तुम्हें भूखा रखा और स्वयं खूब अच्छी तरह खाना खाया। उससे मैंने तुम्हें समझाया कि मेरे खा लेने से तेरा पेट नहीं भर सकता। सेठ, याद रख, मेरी साधना से तुझे सिद्धि नहीं मिलेगी। धन तूने खुद पुरुषार्थ से कमाया है और शांति भी तुझे अपने ही पुरुषार्थ से मिलेगी।"

सेठ की आँखें खुल गईं। अब उसे अपनी मंजिल पर पहुँचने का रास्ता मिल गया था। साधु के प्रति कृतज्ञता व्यक्त करता हुआ वह अपने घर लौट आया।

❑

सुख और दुख

एक दिन गौतम बुद्ध ने एक दुखी व्यक्ति को देखा। व्यक्ति बुद्ध के चरणों में गिरकर अपने दुख दूर करने का उपाय जानना चाहता था। गौतम बुद्ध ने उस व्यक्ति को अपने पास बिठाया और बोले, "तुम व्यर्थ में चिंतित हो रहे हो। सुख-दुःख हमेशा नहीं रहते, मैं तुम्हें एक कथा सुनाता हूँ, ध्यान से सुनो–

किसी नगर में एक सेठ रहता था। वह बड़ा ही उदार और परोपकारी था। उसके दरवाजे पर जो भी आता था, वह उसे खाली हाथ नहीं जाने देता था और दिल खोलकर उसकी मदद करता था।

एक दिन उसके यहाँ एक आदमी आया, उसके हाथ में एक परचा था, जिसे वह बेचना चाहता था। उसके परचे पर लिखा था, "सदा न रहे!"

इस परचे को कौन खरीदता, लेकिन सेठ ने उसे तत्काल खरीद लिया और अपनी पगड़ी के एक छोर में बाँध लिया। नगर के कुछ लोग सेठ से ईर्ष्या करते थे। उन्होंने एक दिन राजा के पास जाकर उसकी शिकायत की, जिससे राजा ने सेठ को पकड़वाकर जेल में डाल दिया। जेल में काफी दिन निकल गए। सेठ बहुत दुखी था, क्या करे, उसकी समझ में कुछ नहीं आ रहा था।

एक दिन अकस्मात् सेठ का हाथ पगड़ी की गाँठ पर पड़ गया। उसने गाँठ को खोलकर परचा निकाला और उसे पढ़ा। पढ़ते ही उसकी आँखें खुल गईं। उसने मन-ही-मन कहा, 'अरे, तो दुख किस बात का! जब सुख के दिन सदा न रहे तो दुख के दिन भी सदा न रहेंगे।'

इस विचार के आते ही वह जोर से हँस पड़ा और बहुत देर तक हँसता रहा। जब चौकीदार ने उसकी हँसी सुनी तो उसे लगा, सेठ मारे दुख के पागल हो गया है। उसने राजा को खबर दी। राजा आया और उसने सेठ से पूछा, "क्या बात है?"

सेठ ने राजा को सारी बात बता दी। उसने कहा, "राजन्, आदमी दुखी क्यों होता है? सुख-दुख के दिन तो सदा बदलते रहते हैं। सुख और दुख तो जीवन के दो पहलू हैं। यदि आज सुख है तो हो सकता है कि कल हमें दुख का मुँह भी देखना पड़े।"

यह सुनकर राजा को बोध हो गया। उसने सेठ को जेल से निकलवाकर उसके घर भिजवा दिया। सेठ आनंद से रहने लगा; क्योंकि उसे ज्ञात हो गया कि सुख के साथ-साथ दुख के दिन भी सदा नहीं रहते।

कथा सुनकर व्यक्ति के मन का बोझ हल्का हो गया। उसने गौतम बुद्ध का आशीर्वाद लिया और अपने घर की ओर चल दिया।

❑

अंतरात्मा की आवाज

महात्मा बुद्ध अपने शिष्यों के प्रति बड़ा स्नेह रखते थे। एक दिन उन्होंने अपने शिष्यों को अंतरात्मा की व्याख्या करते हुए एक कथा सुनाई, वे बोले–

किसी नगर में एक साधु रहता था। उसके चेहरे पर हर घड़ी प्रसन्नता छाई रहती थी, उसके जीवन में आनंद का साम्राज्य था। लोग अपनी-अपनी समस्याएँ लेकर उसके पास आते थे और संतुष्ट होकर जाते थे।

एक दिन एक सेठ साधु के पास आया और उन्हें प्रणाम करके बोला, "महाराज! मेरे पास किसी चीज की कमी नहीं है, धन-दौलत, बाल-बच्चे सबकुछ है। फिर भी मेरा मन बड़ा अशांत रहता है। मैं क्या करूँ?"

साधु ने जवाब नहीं दिया। वह चुपचाप बैठा रहा, फिर उठकर चल दिया। सेठ भी उसके पीछे-पीछे चल दिया। आश्रम में एक कोने में जाकर साधु ने आग जलाई और एक-एक करके लकड़ी उसमें डालता रहा। आग तेज होती रही। कुछ देर के बाद वह सेठ की ओर बिना देखे उठ खड़ा हुआ। सेठ को बड़ी हैरानी हुई। वह तो अपना दुख लेकर साधु के पास आया था, पर साधु अपने काम में लगा रहा और फिर बिना कुछ कहे वहाँ से जा रहा था।

सेठ ने आगे बढ़कर कहा, "स्वामीजी, मैं बड़ी आशा लेकर आपकी सेवा में आया हूँ। मुझे कुछ रास्ता तो बताइए।"

साधु बड़े जोर से हँसते हुए बोला, "अरे मूर्ख! मैं इतनी देर से कर क्या रहा था? तुझे रास्ता ही तो बता रहा था। देख, हर आदमी के अंदर एक आग होती है। अगर उसमें प्यार की आहुति दो तो वह आनंद देती है, घृणा की आहुति दो तो वह जलती है। तू अपनी आग में रात-दिन काम, क्रोध, लोभ, मोह, मद-मत्सर की लकड़ियाँ डाल रहा है। भले आदमी! अगर बीज अशांति

के बोएगा तो शांति का फल कैसे पाएगा? अपनी अंतरात्मा को टटोल, सुख और दुख बाहर नहीं, बल्कि तेरे भीतर है।"

सेठ की आँखें खुल गईं। उसे सही रास्ता मिल गया, जिससे उसका जीवन नई दिशा में मुड़ गया।

❑

सच्ची मेहनत

एक दिन गौतम बुद्ध अपने शिष्यों के साथ भ्रमण कर रहे थे, तभी एक शिष्य ने पूछा, "सच्ची मेहनत की क्या परिभाषा है? क्या आप मेरी इस जिज्ञासा का समाधान करेंगे।"

"अवश्य, तुम यह कथा सुनो? इससे स्वयं मेहनत की परिभाषा जान जाओगे।" कहते हुए बुद्ध ने एक कथा प्रारंभ की–

किसी गाँव में एक किसान रहता था। उसकी थोड़ी सी खेती-बाड़ी थी। उससे उसे जो कुछ मिल जाता, उसी से वह अपनी गृहस्थी की गुजर-बसर कर लेता था। कभी किसी के आगे हाथ नहीं फैलाता था।

संयोग से उस किसान का एक बैल मर गया। बेचारा बड़ी परेशानी में पड़ गया। खेत को बोना जरूरी था, पर बोए कैसे? बैल तो एक ही रह गया था। उसने बहुत सोचने के पश्चात् एक फैसला किया। हल के जुए में एक ओर बैल जोता और दूसरी ओर अपनी स्त्री, और फिर काम करने लगा।

उसी समय वहाँ का राजा अपनी रानी के साथ रथ पर उधर से गुजरा। अचानक उसकी निगाह हल पर गई, जिसके जुए में एक ओर बैल और दूसरी ओर स्त्री थी। उसे बड़ा आश्चर्य हुआ, साथ ही दुख भी। उसने रथ को रुकवाया और किसान के पास जाकर पूछा, "यह तुम क्या कर रहे हो?"

किसान ने निगाह उठाकर उसकी ओर देखा और बोला, "मेरा एक बैल मर गया है और खेत को बोना जरूरी है।"

राजा ने कहा, "भले मानस! कहीं स्त्री से भी बैल का काम लिया जाता है?"

किसान बोला, "क्या करूँ, और उपाय ही क्या है?"

"उपाय!" राजा ने कहा, "तुम मेरा एक बैल ले लो। जाओ।"

किसान बोला, "मेरे पास इतना समय नहीं है।" इतना कहकर उसने बैल

को आगे बढ़ा दिया।

राजा ने कहा, "सुनो भाई! तुम अपनी स्त्री को बैल लाने के लिए भेज दो। जब तक वह आए, तब तक मैं उसके स्थान पर काम करूँगा।"

किसान की स्त्री ने कहा, "तुम तो बैल देने को तैयार हो, पर तुम्हारी पत्नी ने इनकार कर दिया तो?"

राजा बोला, "नहीं, ऐसा नहीं होगा।"

किसान राजी हो गया।

उसकी स्त्री राजा के यहाँ बैल लेने चली गई और राजा ने हल का जुआ अपने कंधे पर रख लिया।

किसान की स्त्री ने जब रानी के पास जाकर राजा की बात कही तो वह बोली, "बहना! एक बैल से कैसे काम चलेगा। तुम्हारा बैल कमजोर है। हमारा बैल मजबूत है। दोनों साथ काम नहीं कर सकेंगे। तुम हमारे दोनों बैलों को ले जाओ।"

स्त्री बड़ी लज्जित हुई, उसे तो डर था कि कहीं वह एक बैल भी देने से इनकार न कर दे। वहीं एक छोड़, दोनों को देने के लिए रानी तैयार थी।

स्त्री बैल लेकर आई और पूरे खेत की बुवाई हो गई।

कुछ समय बाद फसल उगी। किसान ने देखा तो उसे अपनी आँखों पर विश्वास नहीं हुआ। सारे खेत में अनाज पैदा हुआ, लेकिन जितनी जमीन में राजा ने हल चलाया था और उसका पसीना गिरा था, उतनी जमीन में मोती उगे थे।

यह करामात सच्ची मेहनत की थी। जहाँ राजा जनता की सेवा में अपना पसीना बहाता है, वहाँ ऐसा ही फल मिलता है।

गौतम बुद्ध–कथा समाप्त करते हुए बोले–

"कहो शिष्य क्या अब भी तुम्हारी जिज्ञासा शांत नहीं हुई?"

"अवश्य प्रभु! मैं समझ गया कि सच्ची मेहनत की परिभाषा क्या है।"

❑

बुद्ध की सिखावन

भगवान् बुद्ध की धर्म-सभा में एक व्यक्ति प्रतिदिन जाया करता था और उनके प्रवचन सुना करता था। उसका यह क्रम एक महीने तक चला, लेकिन उसके जीवन पर इसका कोई प्रभाव नहीं पड़ा। बुद्ध बार-बार समझाते थे, "लोभ, द्वेष और मोह, पाप के मूल हैं। इन्हें त्यागो।" पर वह बेचारा इन बुराइयों से बचना तो दूर, इनमें और फँसता ही जा रहा था। बुद्ध कहते थे, "क्रोध करने वाले पर जो क्रोध करता है, उससे उसका ही अहित होता है, पर जो क्रोध का जवाब क्रोध से नहीं देता, वह एक भारी युद्ध जीत लेता है।"

हैरान होकर वह बुद्ध के पास गया और उन्हें प्रणाम निवेदन करके बोला, "भंते! एक महीने से मैं आपके प्रवचन सुन रहा हूँ। लेकिन मुझ पर उनका जरा भी असर नहीं पड़ा।"

बुद्ध ने मुसकराकर उसकी ओर देखा और कहा, "अच्छा, कहाँ के रहने वाले हो?"

"श्रावस्ती का।"

"यहाँ राजगृह से श्रावस्ती कितनी दूर है?"

उसने बता दिया।

"कैसे जाते हो वहाँ?"

"सवारी से।"

"कितना समय लगता है?"

"इतना।" उसने हिसाब लगाकर बता दिया।

"ठीक। अब यह बताओ, यहाँ बैठे-बैठे राजगृह पहुँच गए?"

"यह कैसे हो सकता है? वहाँ पहुँचने के लिए तो चलना होगा।"

बुद्ध ने बड़े प्यार से कहा, "तुमने सही कहा। चलने पर ही मंजिल पर पहुँचा जा सकता है। इसी तरह अच्छी बातों पर असर तभी पड़ता है, जब उन पर अमल किया जाए।"

❑

उपदेश का मोल

गौतम बुद्ध एकांत स्थान पर बैठकर साधना में लीन थे। कुछ देर के पश्चात् उन्होंने अपनी आँखें खोलीं तो अपने प्रिय शिष्यों को सामने पाया। सभी शिष्य गौतम बुद्ध से कुछ जानने के लिए आतुर थे। एक शिष्य ने आगे बढ़कर कहा, "भंते! हम जानना चाहते हैं कि उपदेशों का वास्तविक मोल क्या होता है?"

शिष्यों को संबोधित करते हुए भगवान् बुद्ध बोले, "यह आवश्यक नहीं कि कोई भी साधु-संत पूर्ण व्याख्या करके ही उपदेश दे, बल्कि वह किसी भी कार्य अथवा इशारे मात्र से भी उपदेश का महत्त्व समझा सकता है। इसी विषय में मैं तुम्हें एक कथा सुनाता हूँ, सुनो-

किसी नगर में एक सेठ रहता था। उसके पास अपार धन था, उसका व्यापार दूर-दूर तक फैला हुआ था। एक दिन एक साधु उसके दरवाजे पर भिक्षा माँगने के लिए आया। सेठ ने उसे भिक्षा दे दी। भिक्षा लेकर जब साधु जाने लगा तो सेठ ने उसे रोककर कहा, "महाराज, मुझे कुछ उपदेश तो देते जाइए।"

साधु ने उसकी ओर देखा और बोला, "हफ्ते भर बाद, आज ही के दिन मैं फिर आऊँगा। तब उपदेश दूँगा।"

अपने वादे के अनुसार अगले हफ्ते साधु आया। सेठ तो उसकी राह ही देख रहा था। उसने उसे देने के लिए तरह-तरह के पकवान तैयार करवा रखे थे। साधु ने उसके आगे अपना कमंडल कर दिया, लेकिन सेठ जैसे ही उसमें कुछ पकवान डालने को हुआ कि उसका हाथ वहीं-का-वहीं रुक गया। बोला, "स्वामीजी, इसमें तो कूड़ा है।"

"तो?" साधु ने प्रश्न भरी निगाह से उसकी ओर देखा।

सेठ ने कहा, "इसे साफ कर दीजिए।"

साधु ने उसे झाड़कर पोंछ दिया। सेठ ने उसमें खाने की चीजें डाल दीं।

भिक्षा लेकर साधु जाने लगा, तो सेठ ने कहा, "महाराज, आप तो जा रहे हैं, क्या भूल गए कि आज आपने मुझे उपदेश देने का वचन दिया था?"

साधु बोला, "अरे! क्या तुम्हें उपदेश नहीं मिला? तो सुनो, मेरे कमंडल में जब गंदगी थी, तो तुमने उसमें खाने की चीजें नहीं डालीं। उसे साफ करा लिया। इसी तरह तुम्हारे अंदर काम, क्रोध, लोभ, मोह आदि जाने कितनी बुराइयाँ भरी पड़ी हैं। पहले उन्हें साफ करो, तब कुछ पा सकोगे।" तब सेठ को साधु के उपदेश का मोल समझ में आया और उसने उसको अपने जीवन में ढालने का प्रयत्न किया।

❑

आलस का फल

गौतम बुद्ध के प्रिय शिष्यों में एक ऐसा भी था, जो बहुत आलसी था। परंतु वे उसे भी उतना ही स्नेह करते जितना अन्य शिष्यों को। एक दिन गौतम बुद्ध ने उस शिष्य को एक कथा सुनाते हुए कहा–

किसी गाँव में एक ब्राह्मण रहा करता था। वह बड़ा भला आदमी था, लेकिन साथ ही काम को टाला करता था। वह यह मानकर चलता था कि जो कुछ होता है, भाग्य से होता है, वह अपने हाथ-पैर नहीं हिलाता था। वह बहुत आलसी था। एक दिन एक साधु उसके घर आया। ब्राह्मण और उसकी घरवाली ने उसका खूब आदर-सत्कार किया। साधु ने चलते समय खुश होकर ब्राह्मण से कहा, "तुम बहुत गरीब हो! लो, मैं तुम्हें पारस पथरी देता हूँ। सात दिन के बाद मैं आऊँगा और इसे ले जाऊँगा। इस बीच तुम जितना सोना बनाना चाहो, बना लेना।"

ब्राह्मण ने पथरी ले ली। साधु चला गया। उसके जाने के पश्चात् ब्राह्मण ने घर में लोहा खोजा, उसे बहुत थोड़ा लोहा मिला। वह उसी को सोना बनाकर बेच आया और कुछ सामान खरीद लाया।

अगले दिन स्त्री के बहुत जोर देने पर लोहा खरीदने बाजार में गया तो लोहा कुछ महँगा था। वह घर लौट आया। दो-तीन दिन बाद फिर वह बाजार गया तो पता चला कि लोहा अब पहले से भी महँगा हो गया है।

'कोई बात नहीं।' उसने सोचा, 'एक-दो दिन में भाव जरूर नीचे आ जाएगा, तभी खरीदेंगे।'

किंतु लोहा सस्ता नहीं हुआ और दिन बीतते गए।

आठवें दिन साधु आया और उसने अपनी पथरी माँगी तो ब्राह्मण ने कहा, "महाराज, मेरा तो सारा समय यों ही निकल गया। अभी तो मैं कुछ भी सोना

नहीं बना पाया। आप कृपा करके इस पथरी को कुछ दिन मेरे पास और छोड़ दीजिए।"

लेकिन साधु राजी नहीं हुआ। उसने कहा, "तुम जैसा आदमी जीवन में कुछ नहीं कर सकता। तुम्हारी जगह और कोई होता तो कुछ-का-कुछ कर डालता। जो आदमी समय का उपयोग नहीं जानता, वह कभी सफल नहीं होता।" ब्राह्मण पछताने लगा, पर अब क्या हो सकता था। साधु पथरी लेकर जा चुका था। उसे अपने आलस और भाग्य पर जरूरत से ज्यादा यकीन की कीमत चुकानी पड़ी, इसलिए कहा जाता है कि आलस आदमी का सबसे बड़ा दुश्मन होता है।

शिष्य अब बुद्ध के कहने का तात्पर्य समझ चुका था। उसने कसम खाई कि वह आज के बाद आलस को त्याग देगा। इसके पश्चात् उसने कभी आलस नहीं किया।

❑

साँच को आँच नहीं

एक दिन भगवान् बुद्ध अपने शिष्यों को सच का उपदेश दे रहे थे। सच्चाई पर आधारित कथा सुनाते हुए भगवान् बुद्ध बोले–

किसी नगर में एक जुलाहा रहता था। वह बहुत बढ़िया कंबल तैयार करता था। एक दिन उसने एक साहूकार को दो कंबल दिए। साहूकार ने दो दिन बाद उनका दाम ले जाने को कहा। साहूकार दिखाने को तो धरम-करम करता था, माथे पर तिलक लगाता था, लेकिन मन उसका मैला था। वह अपना रोजगार छल-कपट से चलाता था।

दो दिन बाद जुलाहा अपना पैसा लेने आया तो साहूकार ने कहा, "मेरे यहाँ आग लग गई, उसमें दोनों कंबल जल गए, तो अब मैं दाम क्यों दूँ?"

जुलाहा बोला, "यह नहीं हो सकता, मेरा धंधा सच्चाई पर चलता है और सच में कभी आग नहीं लग सकती।"

जुलाहे के कंधे पर एक कंबल पड़ा था, उसे सामने करते हुए उसने कहा, "यह लो, लगाओ इसमें आग।"

साहूकार बोला, "मेरे यहाँ कंबलों के पास मिट्टी का तेल रखा था। कंबल उसमें भीग गए थे, इसलिए जल गए।"

जुलाहे ने कहा, "तो इसे भी मिट्टी के तेल में भिगो लो।"

काफी लोग वहाँ इकट्ठे हो गए। सबके सामने कंबल को मिट्टी के तेल में भिगोकर आग लगा दी गई। लोगों ने देखा कि तेल जल गया, लेकिन कंबल जैसा था वैसा बना रहा।

जुलाहे ने कहा, "याद रखो, साँच को आँच नहीं।"

साहूकार ने लज्जा से सिर झुका लिया और जुलाहे के पैसे चुका दिए।

सच ही कहा है कि जिसके साथ सच होता है, उसका साथ तो भगवान् भी नहीं छोड़ता। ❑

पसीने की कमाई

एक दिन बुद्ध भ्रमण करते हुए एक गाँव में जा पहुँचे। उनका नाम सुनकर एक सेठ उनके पास आया। महात्मा बुद्ध के लिए तरह-तरह के स्वादिष्ट भोजन का थाल लाया था। बुद्ध ने थाल की ओर देखा और खाना खाने से इनकार कर दिया।

इतने में एक लुहार वहाँ आया। वह जौ की दो रूखी रोटियाँ लाया था। बुद्ध ने वे रोटियाँ ले लीं और बड़े आनंद के साथ खाने लगे।

सेठ ने आश्चर्य से बुद्ध की ओर देखा, उसे बड़ा बुरा लगा। कहाँ वह, कहाँ लुहार! कहाँ उसका लाया भोजन और कहाँ लुहार की दो मोटी-मोटी रोटियाँ। जब बुद्ध भोजन कर रहे थे तो सेठ से न रहा गया। उसने कहा, "महाराज, यह कहाँ का न्याय है कि मैं पहले खाना लाया और इतना बढ़िया लाया, पर आपने उसे लेने से इनकार कर दिया और इस लुहार की रूखी रोटियों को प्रेम से खा रहे हैं।"

बुद्ध थोड़ा रुके, फिर बोले, "इस लुहार की कमाई अपनी मेहनत की कमाई है, पवित्र कमाई है, जबकि तेरी कमाई तेरे पसीने की नहीं है, उसे पवित्र नहीं कहा जा सकता।"

सेठ ने कहा, "नहीं जी, ऐसा नहीं है।"

बुद्ध ने कहा, "तो स्वयं ही देख लो।"

इतना सुनकर बुद्ध ने लुहार की लाई रोटी को एक हाथ में और सेठ के मालपुए को दूसरे हाथ के बीच रखकर निचोड़ा तो लुहार द्वारा लाई गई रोटी को निचोड़ने पर दूध की धार निकली और सेठ द्वारा लाए गए मालपुए को निचोड़ने पर रक्त निकला।

सेठ को काटो तो खून नहीं। वह लज्जा से सिर झुकाकर अपना थाल लेकर चला गया। इसलिए कहा जाता है कि मेहनत की रोटी भी हराम के कई पकवानों से अच्छी होती है। ❑

त्याग और लोभ

एक दिन भगवान् बुद्ध के शिष्यों में त्याग और लोभ जैसे विषयों पर चर्चा हो रही थी। बहुत समय बीतने पर भी शिष्य किसी निर्णय पर नहीं पहुँचे तो सब मिलकर भगवान् बुद्ध के पास पहुँचे। बुद्ध उनकी समस्या का समाधान करते हुए बोले–

किसी नगर में एक सेठ रहता था। उसके पास बहुत धन था। उसकी तिजोरियाँ हमेशा मोहरों से भरी रहती थीं। लेकिन उसका लोभी मन नहीं मानता था। जैसे-जैसे धन बढ़ता जाता था, उसकी लालसा और भी बढ़ती जाती थी।

सेठ बहुत ही कंजूस था। कभी किसी को एक कौड़ी भी नहीं देता था। यदि कोई उसके दरवाजे पर आकर हाथ फैलाता तो वह उसे दुत्कार देता। संयोग से एक दिन उसके यहाँ एक साधु आया। उसे देखकर अचानक सेठ को जाने क्या सूझा कि उसने एक पैसा उसकी झोली में डाल दिया।

साधु चला गया।

लेकिन सेठ के आश्चर्य का ठिकाना न रहा, जब उसने देखा कि शाम को उसे एक मोहर प्राप्त हो गई है, पैसे के बदले में मोहर! वाह! मारे खुशी के वह कूदने लगा, परंतु थोड़ी ही देर में उसकी सारी खुशी काफूर हो गई। उसके भीतर कोई कह रहा था, 'ओ मूर्ख! तूने साधु को पैसा ही क्यों दिया? यदि एक मोहर दी होती तो तू न जाने कितना मालामाल हो जाता।'

ऐसा विचार आते ही सेठ ने अपने को धिक्कारा। हाँ, सचमुच मैंने मूर्खता की, अब वह साधु के आने की बाट जोहने लगा, पर उसे अधिक प्रतीक्षा नहीं करनी पड़ी। अगले दिन ही वह साधु फिर आ गया।

साधु को देखते ही सेठ ने झट अपनी तिजोरी से एक मोहर निकाली और साधु की झोली में डाल दी। मोहर लेकर साधु चला गया तो सेठ के लिए

एक-एक पल एक-एक युग के समान हो गया। वह चाहता था कि कैसे भी शाम हो जाए।

शाम हुई और रात भी हो गई, लेकिन उसकी इच्छा पूरी नहीं हुई। मोहरें मिलना तो दूर, हाथ में आई मोहर भी चली गई। वह सिर धुनने लगा। तभी आकाशवाणी हुई, 'सेठ याद रख, त्याग फलता है, लोभ छलता है।'

कथा सुनकर शिष्य त्याग और लोभ का मर्म जान गए।

❑

सच्चा साधु

एक दिन एक शिष्य भगवान् बुद्ध के पास गया। प्रणाम निवेदन करके बोला, "भंते, मैं देश में घूमना चाहता हूँ। आपके आशीर्वाद का अभिलाषी हूँ।"

बुद्ध ने कहा, "देश में अच्छे व बुरे दोनों प्रकार के लोग हैं। बुरे लोग तुम्हारी निंदा करेंगे और गालियाँ देंगे, तुम्हें कैसा लगेगा?"

शिष्य ने उत्तर दिया, "मैं समझूँगा कि वे बड़े भले हैं, क्योंकि उन्होंने मुझ पर धूल नहीं फेंकी।"

बुद्ध ने कहा, "यदि कुछ लोगों ने धूल भी फेंक दी और थप्पड़ भी मार दिया तो?"

शिष्य ने कहा, "मैं उन्हें भी भला ही मानूँगा, क्योंकि उन्होंने थप्पड़ ही तो मारा, डंडा तो नहीं मारा।"

"यदि कोई डंडा मार दे तो?"

"तो भी मैं उसे बुरा नहीं मानूँगा, क्योंकि उसने हथियार से तो नहीं मारा।" शिष्य ने जवाब दिया।

बुद्ध ने आगे कहा, "देश में डाकू मिल सकते हैं, हो सकता है, जो हथियारों से तुम्हारी खबर लें।"

"तो क्या हुआ।" शिष्य ने कहा, "मैं उन्हें दयालु ही समझूँगा, क्योंकि उन्होंने मुझे जीवित छोड़ दिया।"

बुद्ध ने कहा, "वे तुम्हें मार भी तो सकते हैं।"

शिष्य बोला, "इसके लिए मैं उनका अहसान मानूँगा। यह संसार दुख स्वरूप हैं, बहुत दिन जीने से दुख-ही-दुख देखना पड़ता है, पर आत्महत्या करना महापाप है। यदि कोई दूसरा मार दे तो उसका उपकार ही होगा।"

शिष्य के उत्तर सुनकर भगवान् बुद्ध को बड़ा हर्ष हुआ। उन्होंने कहा, "सच्चा साधु वही है, जो किसी भी अवस्था में किसी को बुरा नहीं मानता। जो दूसरों की बुराई नहीं देखता, दूसरों को अच्छा ही समझता है। वही परिव्राजक होने के योग्य है। तुम जाओ और देश में खूब घूमो।"

❑

सबसे बड़ा धनी

एक दिन भगवान् बुद्ध अकेले ही भ्रमण कर रहे थे। एक व्यक्ति को बहुत ही दीन और हैरान देखकर उन्होंने पूछा, "क्यों भाई, क्या बात है?" वह बोला, "मैं बहुत ही गरीब हूँ और मेरे पास कुछ भी नहीं है।"

"कुछ भी नहीं है।" बुद्ध ने अचरज से पूछा, "तुम सच नहीं बोल रहे हो।"

"नहीं, मैं आपसे ठीक कहता हूँ।"

"अच्छा तो तुम एक काम करो।" बुद्ध ने कहा, "तुम्हारे पास दो कान हैं, एक कान काटकर मुझे दे दो, मैं इसके बदले में एक हजार सिक्के दूँगा।"

"नहीं, मैं अपना कान नहीं दे सकता।"

"तो अपनी दो आँखों में से एक आँख दे दो, इसके पाँच हजार सिक्के दे सकता हूँ।"

"नहीं, मैं ऐसा नहीं कर सकता।"

"अच्छा तो एक हाथ ही दे दो, दस हजार सिक्के के बदले।"

"जी नहीं, यह नहीं हो सकता।"

तब बुद्ध ने कहा, "फिर तुम कैसे कहते हो कि तुम्हारे पास कुछ भी नहीं है। तुम्हारे पास एक-दूने दो यानी दो हजार से ज्यादा के कान हैं, पाँच दूने दस, दस हजार से ज्यादा की आँखें हैं और दस-दूने बीस, बीस हजार से ज्यादा के हाथ हैं। जब कान, आँख और हाथ का इतना मूल्य है तो पूरे शरीर का जाने कितना होगा।" व्यक्ति चुप हो गया।

बुद्ध ने कहा, "देखो, तुम्हारे पास कितनी बड़ी दौलत है। जिसके पास अच्छी-अच्छी बातें सुनने के लिए कान हों, अच्छी-अच्छी चीजें देखने के लिए आँखें हों, अच्छे-अच्छे काम करने के लिए हाथ हों, भला उससे बढ़कर धनी और कौन हो सकता है।"

❑

प्रेम का अमोघ अस्त्र

कौशल देश में एक बड़ा ही खूँखार डाकू रहता था। उसका नाम था अंगुलिमाल। लोगों को मार-मारकर उनकी अंगुलियों की माला उसने अपने गले में डाल रखी थी। इसलिए उसका नाम अंगुलिमाल पड़ा।

उन दिनों कौशल में राजा प्रसेनजित् राज करता था। अंगुलिमाल के आतंक से वह बेहद परेशान था। उसे पकड़ने के लिए उसने अपनी पूरी सेना तैनात कर रखी थी, अस्त्र-शस्त्रों का उपयोग किया, लेकिन अंगुलिमाल उनके हाथ नहीं आया।

एक बार राजा प्रसेनजित् पाँच सौ सैनिकों को लेकर अंगुलिमाल को पकड़ने के लिए इधर-उधर दौड़-धूप कर रहा था, उसे पता चला कि भगवान् बुद्ध वहाँ विहार कर रहे हैं। वह उनके पास गया। उसके चेहरे पर हवाइयाँ उड़ रही थीं।

बुद्ध ने कहा, "क्या बात है? इतने परेशान क्यों दिखाई दे रहे हो? क्या किसी राजा ने तुम पर आक्रमण कर दिया है?"

प्रसेनजित् बोला, "भंते, किसी ने हमला नहीं किया। मेरे राज्य में अंगुलिमाल डाकू ने तबाही मचा रखी है। मैं उसी को पकड़ने की दिन-रात कोशिश कर रहा हूँ।"

बुद्ध ने मुसकराकर कहा, "वह तुम्हारी पकड़ में नहीं आया। अच्छा, यह बताओ कि यदि वह धर्मात्मा के रूप में तुम्हारे सामने आए तो तुम क्या करोगे?"

"मैं उसका स्वागत करूँगा और उसकी सेवा तथा रक्षा करूँगा।" प्रसेनजित् ने कहा।

तब बुद्ध ने पास बैठे व्यक्ति की बाँह पकड़कर उसे राजा के सामने कर

दिया। बोले, "यह रहा अंगुलिमाल।"

प्रसेनजित् को काटो तो खून नहीं। वह थर-थर काँपने लगा।

बुद्ध ने कहा, "राजन्, अब तुम्हें इससे डरने की आवश्यकता नहीं है।"

इसके बाद प्रसेनजित् को पता चला कि भगवान् बुद्ध के प्रेम और करुणा के आगे अंगुलिमाल नतमस्तक हो गया। उसे नया जन्म मिला है। अपनी खूँखार वृत्तियों को त्यागकर वह भिक्षु बन गया था।

प्रसेनजित् की आँखें खुल गईं। एक शासक के नाते वह मान बैठा था कि सैन्य और शस्त्र बल से बढ़कर कोई बल नहीं है।

आज उसे मालूम हुआ कि प्रेम का सामना दुनिया में कोई ताकत नहीं कर सकती।

उसने बड़े प्रेम से अंगुलिमाल का अभिवादन किया और उससे कहा, "मैं तुम्हारे भोजन, वस्त्र, आवास आदि की व्यवस्था कर देता हूँ।"

अत्यंत विनम्र भाव से अंगुलिमाल बोला, "राजन्, आप चिंता न करें, मुझे सबकुछ मिल गया है।"

प्रसेनजित् की आँखें डबडबा आईं और फिर वह श्रद्धा से अवनत होकर वहाँ से चला गया।

❑

क्रोध सबसे बड़ा शत्रु

भगवान् बुद्ध क्रोध को व्यक्ति का सबसे बड़ा शत्रु मानते थे। इसी विषय पर भगवान् बुद्ध ने अपने शिष्यों को उपदेश देते हुए एक उदाहरण प्रस्तुत किया–

एक पंडितजी महाराज क्रोध न करने पर उपदेश दे रहे थे। कह रहे थे, "क्रोध आदमी का सबसे बड़ा दुश्मन है, उससे आदमी की बुद्धि नष्ट हो जाती है। जिस आदमी में बुद्धि नहीं रहती, वह पशु बन जाता है।"

लोग बड़ी श्रद्धा से पंडितजी का उपदेश सुन रहे थे। पंडितजी ने आगे कहा, "क्रोध चांडाल होता है। उससे हमेशा बचकर रहो।"

भीड़ में एक ओर एक जमादार बैठा था, जिसे पंडितजी प्रायः सड़क पर झाड़ू लगाते हुए देखा करते थे। अपना उपदेश समाप्त करके जब पंडितजी जाने लगे तो जमादार भी हाथ जोड़कर खड़ा हो गया। लोगों की भक्ति-भावना से फूले हुए पंडित भीड़ के बीच में से आगे बढ़ रहे थे। इतने में पीछे से भीड़ का रेला आया और पंडिजी गिरते-गिरते बचे। इस धक्के में वे जमादार से छू गए। फिर क्या था। उनका पारा चढ़ गया। बोले, "दुष्ट! तू यहाँ कहाँ से आ मरा? मैं भोजन करने जा रहा था। तूने छूकर मुझे गंदा कर दिया। अब मुझे स्नान करना पड़ेगा।"

उन्होंने जमादार को जी भरकर गालियाँ दीं। असल में उनको बड़े जोर की भूख लगी थी और वे जल्दी-जल्दी यजमान के घर पहुँचना चाहते थे। पास ही में गंगा नदी थी, लाचार होकर पंडितजी उस ओर तेजी से लपके।

तभी देखते हैं कि जमादार उनसे आगे-आगे चला जा रहा है। पंडितजी ने कड़ककर पूछा, "क्यों रे जमादार के बच्चे! तू कहाँ जा रहा है?"

जमादार ने जवाब दिया, "नदी में नहाने। अभी आपने कहा था न कि

क्रोध चांडाल होता है। मैं उस चांडाल को छू गया, इसलिए मुझे नहाना पड़ेगा।"

पंडितजी को जैसे काठ मार गया। वे आगे एक भी शब्द न कह सके और जमादार का मुँह ताकते रह गए।

भगवान् बुद्ध की कथा सुनकर शिष्य अपनी हँसी न रोक सके और सभी खिलखिलाकर हँस दिए।

❑

बुराई की जड़

किसी नगर में एक व्यक्ति रहता था। उसके आँगन में एक पौधा उग आया। कुछ दिनों बाद वह पौधा बड़ा हो गया और उस पर फल लगे।

एक दिन एक फल पककर नीचे गिरा। उसे एक कुत्ते ने मुँह में दबा लिया। देखते-देखते कुत्ते के प्राण निकल गए। आदमी ने सोचा, होगी कोई बात। उसका ध्यान फल की ओर नहीं गया। कुछ समय बाद पड़ोसी का लड़का आया। बढ़िया फल देखकर उसका मन ललचाया। उसने एक फल तोड़ा और जैसे ही दाँत से काटा कि वह बेजान होकर गिर पड़ा। अब वह व्यक्ति समझ गया कि यह विष-वृक्ष है। उसे बड़ा गुस्सा आया। उसने कुल्हाड़ी ली और वृक्ष के सारे फल काट-काटकर गिरा दिए।

लेकिन थोड़े दिन बाद फिर फल उग आए और इस बार पहले से भी बड़े-बड़े फल लगे। उसने फिर कुल्हाड़ी उठाई और एक-एक शाखा को काट डाला। न रहेगा बाँस, न बजेगी बाँसुरी। उसने चैन की साँस ली।

परंतु कुछ ही दिन बाद सारा पेड़ फिर लहलहा उठा और फलों से लद गया। आदमी ने सिर पकड़ लिया। अब वह क्या करे? वह व्यक्ति बुद्ध की शरण में गया और सारा हाल कह सुनाया।

सारा हाल सुनकर बुद्ध ने कहा, "तुम बड़े भोले हो। तुमने फल तोड़े, शाखाएँ काटीं, पर यह नहीं सोचा कि जब तक जड़ रहेगी, पेड़ रहेगा, तब तक फल आते रहेंगे। तुम चाहते हो कि इस बला से छुटकारा मिले तो इसकी जड़ को काटो।"

उस व्यक्ति को बोध हुआ। तब उसने समझा कि बुराई की ऊपरी काँट-छाँट से वह नहीं मिटती, उसकी जड़ काटनी चाहिए।

उसने कुल्हाड़ी लेकर पेड़ की जड़ को काट दिया और हमेशा के लिए चिंता से मुक्त हो गया। ❑

सुख और शांति

ढाई हजार साल पहले की घटना है। बुद्ध एक गाँव में ठहरे हुए थे। एक व्यक्ति उनके पास आया और बोला, "भंते, तुम तीस साल से लोगों को शांति, सत्य और मोक्ष की बात समझा रहे हो, लेकिन कितने लोग हैं, जिन्हें मोक्ष प्राप्त हो गया।"

बुद्ध उसकी बात सुनकर बोले, "तुम आकर मिलो, तब तुम्हारी बात का जवाब दूँगा, लेकिन एक काम करना।"

"क्या?" उस व्यक्ति ने पूछा।

बुद्ध ने कहा, "सारे गाँव का चक्कर लगाकर लोगों से लिखवा लाना कि कौन-कौन शांति चाहते हैं, कौन सत्य और कौन मोक्ष?"

"आपने यह अच्छा कहा, भंते।" वह आदमी चकित होकर बोला, "कौन होगा ऐसा अभागा, जो इन चीजों को नहीं चाहेगा?"

बुद्ध ने कहा, "तुम एक बार पता तो लगाओ कि कौन आदमी किस चीज की कामना करता है।"

उस व्यक्ति ने घंटों गाँव में चक्कर लगाया, लेकिन एक भी आदमी ऐसा नहीं मिला, जो शांति, सत्य और मोक्ष चाहता हो। किसी ने कहा, 'मुझे रोगों से छुटकारा चाहिए।' किसी ने कहा, 'मुझे संतान चाहिए।' किसी ने कहा, 'मुझे नौकरी चाहिए।' किसी ने कहा, 'मुझे लंबी उम्र चाहिए।'

वह व्यक्ति हैरान रह गया। फिर बुद्ध के पास लौट आया। बोला, "यह तो बड़ा अजीब गाँव है, महाराज! कोई कुछ चाहता है, कोई कुछ, किंतु शांति, सत्य और मोक्ष की आकांक्षा रखने वाला एक भी आदमी नहीं है।"

बुद्ध ने कहा, "इसमें अजीब क्या है। हममें से ज्यादातर लोग सुख चाहते हैं, शांति नहीं और सुख पाने के लिए शांति के उलटे रास्ते पर चलते हैं। सुख मार्ग शांति का मार्ग नहीं है।" ❑

मन की महिमा

एक बार भगवान् बुद्ध के दो शिष्य उनसे मिलने जा रहे थे। पूरे दिन का सफर था। चलते-चलते रास्ते में एक नदी पड़ी। उन्होंने देखा कि उस नदी में एक स्त्री डूब रही है।

बौद्ध भिक्षुओं के लिए स्त्री का स्पर्श वर्जित माना जाता है। ऐसी दशा में क्या हो?

उन दोनों भिक्षुओं में से एक ने कहा, "हमें धर्म की मर्यादा का पालन करना चाहिए। स्त्री डूब रही है। तो डूबे! हमें क्या?"

लेकिन दूसरा भिक्षु अत्यंत दयावान था। उसने कहा, "हमारे रहते कोई इस तरह मरे, यह तो मैं सहन नहीं कर सकता।" इतना कहकर वह पानी में कूद पड़ा और डूबती स्त्री को पकड़ लिया। कुछ समय पश्चात् कंधे का सहारा देकर किनारे पर ले आया।

दूसरे भिक्षु ने उसकी बड़ी भर्त्सना की, रास्ते भर वह कहता रहा कि मैं जाकर तथागत से कहूँगा कि आज तुमने मर्यादा का उल्लंघन करके कितना बड़ा पाप किया है।

दोनों बुद्ध के सामने पहुँचे तो दूसरे भिक्षु ने एक साँस में सारी बात कह सुनाई, "भंते! मैंने इसको बहुत रोका, पर यह माना ही नहीं। बड़ा भयंकर पाप किया है इसने।"

बुद्ध ने उसकी बात बड़े ध्यान से सुनी, फिर पूछा, "इस भिक्षु द्वारा उस स्त्री को कंधे पर बाहर लाने में कितना समय लगा होगा?"

"कम-से-कम पंद्रह मिनट तो लग ही गए होंगे।"

"अच्छा!" बुद्ध ने पूछा, "इस घटना के बाद यहाँ आने में तुम लोगों को कितना समय लगा?" भिक्षु ने हिसाब लगाकर उत्तर दिया, "यही कोई छह घंटे।"

बुद्ध ने कहा, "भले आदमी, इस बेचारे ने तो स्त्री को पंद्रह मिनट ही अपने कंधे पर रखा, लेकिन तू तो उसे छह घंटे से अपने मन में बिठाए हुए है। बोल—दोनों में बड़ा पापी कौन है?"

बेचारा भिक्षु निरुत्तर हो गया। वह समझ गया कि मन की बड़ी महिमा है।

❑

दान का महत्त्व

भगवान् बुद्ध अपने शिष्यों को दान का महत्त्व समझाते हुए बोले, "दान के साथ मन का होना भी आवश्यक है।" कहते हुए बुद्ध ने एक कथा सुनाई–

किसी नगर में गंगा के किनारे बैठकर एक भिखारी भीख माँगा करता था। उसके हाथ में एक कटोरा रहता था, जिसे जो देना होता था, वह कटोरे में डाल देता था।

वर्षों से भिखारी के जीवन का यही क्रम चलता आ रहा था। जाड़ा हो या गरमी, वर्षा हो या बसंत, वह बड़े तड़के वहाँ आकर बैठ जाता और जब शाम का अँधेरा होने लगता तो वह उठकर चला जाता। कभी किसी ने यह जानने की कोशिश नहीं की कि वह कहाँ से आता है और कहाँ जाता है।

लेकिन वह भिखारी दूसरे भिखारियों की तरह गिड़गिड़ाता नहीं था, दीनता नहीं दिखाता था, कोई सामने आता तो कटोरा आगे बढ़ा देता, मुँह से कुछ भी याचना नहीं करता था।

एक दिन की बात है कि एक व्यक्ति उधर आया। उसकी चाल-ढाल, कपड़े-लत्ते, भारी-भरकम शरीर और गले में पड़ी सोने की जंजीर से उसने समझ लिया कि वह कोई धनी व्यक्ति है, उसने कटोरा आगे बढ़ा दिया।

उस आदमी ने भिखारी की ओर देखकर ऐसा मुँह बनाया, जैसे कोई कड़वी चीज मुँह में आ गई हो, फिर जेब में हाथ डालकर बड़े अनमने भाव से दस पैसे का सिक्का निकाला और भिखारी के सामने जमीन पर फेंककर आगे बढ़ गया।

वह भिखारी हरकतें देख रहा था। उसने आव देखा न ताव, सिक्के को उठाकर उस आदमी की ओर फेंकते हुए बोला, "यह ले अपनी दौलत। मुझे

तुम जैसे गरीब का पैसा नहीं चाहिए।"

उस आदमी के पैर ठिठक गए। उसने एक क्षण भिखारी की आँखों को देखा, उसकी भाव-भंगिमा को देखा। तभी उसे एक धर्मग्रंथ में पढ़ी बात याद आ गई, जिस दान के साथ दानदाता अपने दिल को नहीं देता, वह दान व्यर्थ है और जिसके पास दिल नहीं है, वह करोड़ों की संपत्ति होते हुए भी सबसे गरीब है।

❑

जहाँ चाह है वहाँ सुख नहीं

एक बार भगवान् बुद्ध अपना चातुर्मास पाटलिपुत्र में व्यतीत कर रहे थे। उनका उपदेश सुनने के लिए बहुत से लोग आते थे।

एक दिन की बात है कि प्रवचन के समय उनके शिष्य आनंद ने पूछा, "भंते, आपके सामने हजारों लोग बैठे हैं। बताइए, इनमें सबसे सुखी कौन है?"

बुद्ध ने कहा, "वह देखो, सबसे पीछे दुबला सा फटेहाल जो आदमी बैठा है, वह सबसे अधिक सुखी है।" यह सुनकर आनंद की समस्या का समाधान नहीं हुआ। उसने कहा, "यह कैसे हो सकता है?"

बुद्ध बोले, "अच्छा, अभी बताता हूँ।"

उन्होंने बारी-बारी से सामने बैठे लोगों से पूछा, "तुम्हें क्या चाहिए?"

किसी ने धन माँगा, किसी ने संतान, किसी ने बीमारी से मुक्ति माँगी, किसी ने अपने दुश्मन पर विजय माँगी, किसी ने मुकदमे में जीत की प्रार्थना की। एक भी व्यक्ति ऐसा नहीं निकला, जिसने कुछ न माँगा हो। अंत में उस फटेहाल आदमी की बारी आई। बुद्ध ने पूछा, "कहो भाई, तुम्हें क्या चाहिए?"

उस व्यक्ति ने कहा, "कुछ भी नहीं, अगर भगवान् को कुछ देना ही है तो बस इतना कर दें कि मेरे अंदर कभी नई चाह ही पैदा न हो। मैं ऐसे ही अपने को बड़ा सुखी मानता हूँ।"

तब बुद्ध ने कहा, "आनंद! जहाँ चाह है, वहाँ सुख नहीं हो सकता।"

❑

धीरज और शांति का महत्त्व

एक दिन भगवान् बुद्ध कहीं जा रहे थे। उनका शिष्य आनंद भी साथ था। वे पैदल चलते-चलते बहुत दूर निकल गए। ज्यादा चलने के कारण वे थक गए थे। रास्ते में आराम करने के लिए एक पेड़ के नीचे रुक गए। भगवान् बुद्ध को बहुत जोर की प्यास लगी। उन्होंने अपने शिष्य आनंद को पानी लाने के लिए कहा।

पास में ही एक नाला बह रहा था। शिष्य आनंद वहाँ गया, थोड़ी देर में खाली हाथ लौट आया और बोला, "भंते, उस नाले में से अभी-अभी गाड़ियाँ निकली हैं। गाड़ियाँ निकलने के कारण पानी गंदा हो गया है और पानी पीने योग्य नहीं है। मैं अभी जाकर नदी से पानी लेकर आता हूँ।"

नदी वहाँ से कुछ दूरी पर थी। बुद्ध ने कहा, "नहीं, पानी नाले से ही लाओ।"

आनंद गया, पर पानी अब भी गँदला था। वह पुनः लौट आया। बोला, "नदी दूर है तो क्या, मैं अभी दौड़कर पानी लेकर आता हूँ।"

बुद्ध ने कहा, "नहीं-नहीं, पानी उस नाले से ही लाओ।"

बेचारा आनंद लाचार होकर तीसरी बार नाले पर गया तो देखता क्या है, कीचड़ नीचे जम गई है, पत्तियाँ इधर-उधर हो गई हैं। पानी एकदम निर्मल है। वह खुशी-खुशी पानी लेकर बुद्ध के पास आ गया।

बुद्ध ने कहा, "आनंद, आदमी के लिए धीरज और शांति बहुत आवश्यक है, बिना इनके निर्मलता प्राप्त नहीं होती।"

❑

लालच का फल

"लालच, व्यक्ति में सोचने-समझने की शक्ति को क्षीण कर देता है।" अपने शिष्य आनंद को भगवान् बुद्ध समझाते हुए बोले और उदाहरणार्थ एक कथा सुनाने लगे–

किसी नगर में ब्राह्मणों के चार लड़के रहते थे। वे चारों ही बड़े गरीब थे। उनमें आपस में गहरी मित्रता थी। अपनी गरीबी दूर करने के लिए उन्होंने बहुत-से उपाय किए, लेकिन उनका कष्ट दूर नहीं हुआ। आखिर परेशान होकर उन चारों ने निश्चय किया कि कहीं जाकर उन्हें धनोपार्जन का प्रयत्न करना चाहिए।

चारों नगर छोड़कर चल दिए। चलते-चलते वे एक नदी के किनारे पहुँचे। वहाँ उन्हें एक साधु मिला। उन्हें दुखी देखकर साधु ने कारण पूछा। उन्होंने अपनी परेशानी साधु को बताई। सुनकर साधु ने कहा, "मैं तुम्हें चार दीपक देता हूँ। एक-एक दीपक हाथ में लेकर आओ। जहाँ दीपक गिरे, वहीं रुककर खुदाई करना। तुम लोगों को बहुत बड़ी दौलत मिल जाएगी और फिर दौलत लेकर लौट आना।"

दीपक लेकर चारों चल दिए। थोड़ी दूर जाने पर उनमें से एक का दीपक गिर गया। उसने रुककर खोदा तो वहाँ पर ताँबे की खान निकली। उसने अपने साथियों से कहा, "जितना ताँबा चाहो, ले लो।" लेकिन वे बोले, "इससे हमारी गरबी दूर नहीं होगी आगे और भी कीमती चीजें मिलेंगी।"

इतना कहकर वे चल दिए, कुछ दूर निकलते ही दूसरे का दीपक गिर गया। उसने वहाँ खोदा तो चाँदी की खान निकली।

दूसरे साथी ने बाकी दो से कहा, "लो चाँदी ले लो।" पर नहीं माने। बोले, "हम आगे जाएँगे। वहाँ सोने की खान मिलेगी।"

कुछ आगे चले ही थे कि तीसरे का दीपक गरा। खोदा तो सचमुच सोने की खान निकली। तीसरे ने चौथे से रुकने को कहा तो उसने वही बात कह दी, जो पहले दो ने कही थी और अकेला दौलत के लालच में आगे बढ़ चला।

काफी दूर चलने पर उसे एक व्यक्ति मिला। उसके माथे पर एक चक्र घूम रहा था और उसका बदन खून से तर-बतर हो रहा था।

चौथे साथी ने उसके पास जाकर पूछा, "तुम कौन हो तुम्हारे माथे पर यह चक्र कैसे घूम रहा है?"

उसका इतना कहना कि उस आदमी के माथे से चक्र उछलकर पूछने वाले के माथे पर लग गया और लगा चक्कर काटने।

पहले चक्राधारी ने कहा, "यह चक्र किसी दूसरे के माथे से उतरकर इसी तरह मेरे माथे पर लग गया था। अब यह तब उतरेगा कि जब मेरी और तुम्हारी तरह धन का कोई लोभी यहाँ आकर तुमसे बात करेगा।"

"लेकिन मेरे खाने-पीने का क्या होगा?" नए चक्राधारी ने रूंधे गले से पूछा।

उस व्यक्ति ने जवाब दिया, "यह चक्र उन लोगों के लिए है, जो धन के बेहद लोभी हैं। इस चक्र के लगते ही भूख-प्यास, नींद सब गायब हो जाती है। कोई हैरानी नहीं होती। बस इस चक्र घूमने का कष्ट रहता है। इस तरह यह अनंत काल तक सताता रहता है।"

इतना कहकर वह व्यक्ति तो चला गया, लेकिन धन का लोभी ब्राह्मण का वह लड़का जाने कब तक खून से लथपथ होकर उस दुख को भोगता रहा।

❑

क्रोध का उपचार

एक स्त्री थी। उसे बहुत क्रोध आता था। जरा सी कोई बात होती कि उसका पारा चढ़ जाता और वह कहनी-अनकहनी सब तरह की बातें कह डालती। उसके इस स्वभाव से पूरा घर और पूरा पड़ोस परेशान था। लोग उससे बातें करने में भी घबराते थे। वह भी अपनी इस आदत से बहुत परेशान रहती थी। जब उसका क्रोध शांत होता था तो उसे बड़ा पछतावा होता था, लेकिन फिर भी वह अपनी आदत से लाचार थी। एक दिन भगवान् बुद्ध उस स्त्री के घर आए। स्त्री ने बुद्ध से कहा, "तथागत, मैं बहुत ही दुखी हूँ। मुझे बहुत क्रोध आता है। मैं उस पर काबू नहीं कर पाती।"

तथागत ने कहा, "कोई बात नहीं। मेरे पास गुस्से को दूर करने की बहुत अच्छी दवा है। कल मैं आऊँगा तो साथ लेता आऊँगा।"

अगले दिन बुद्ध आए तो एक शीशी में दवा ले आए। दवा देते हुए स्त्री से कहा, "इस दवा को इसी शीशी से पीया जाता है। जब तुम्हें क्रोध आए, तो इस शीशी को मुँह में लगाकर उस समय तक दवा पीती रहना, जब तक कि क्रोध दूर न हो जाए। मैं सात दिन बाद फिर आऊँगा।" इतना कहकर बुद्ध चले गए। स्त्री ने उस दवा का प्रयोग शुरू किया। जैसे ही उसे क्रोध आता तो वह शीशी को अपने मुँह में लगा लेती। सात दिन बाद जब बुद्ध आए तो स्त्री उनके पैरों में गिर पड़ी। बोली, "तथागत, आपने मुझे बचा लिया। ऐसी शर्तिया दवा दी कि मेरा क्रोध जाने कहाँ चला गया। कृपा करके इतना बता दीजिए कि आपने कौन सी दवा दी थी।"

बुद्ध ने हँसकर कहा, "पगली! शीशी में कुछ नहीं था। पानी था, शीशी के मुँह में आ जाने से तुम बोल नहीं सकती थीं और गुस्सा दूर करने की शर्तिया दवा मुँह बंद कर लेना है।"

❑

शांति का स्रोत

किसी नगर में एक सेठ रहता था, उसके पास लाखों की संपत्ति और भरा-पूरा परिवार था, जो कि सब तरह की सुख-सुविधाएँ थीं। फिर भी उसका मन अशांत था।

जब उनकी परेशानी बहुत बढ़ गई तो वह भगवान् बुद्ध के पास गया और अपना कष्ट उन्हें बताकर प्रार्थना की, "तथागत, जैसे भी हो, मेरी अशांति दूर कीजिए।"

बुद्ध ने उसकी बात ध्यान से सुनी और कहा, "अमुक नगर में एक बहुत बड़ा धनिक रहता है, उसके पास जाओ, वह तुम्हें रास्ता दिखा देगा।"

सेठ ने सोचा कि तथागत उसे बहका रहे हैं। उसने बुद्ध से कहा, "तथागत, मैं तो आपके पास बड़ी आशा लेकर आया हूँ। आप ही मेरा उद्धार कीजिए।"

भगवान् बुद्ध ने फिर वही बात दोहरा दी।

लाचार होकर सेठ उस नगर की ओर रवाना हुआ। वहाँ पहुँचकर वह देखता क्या है कि उस धनपति का कारोबार चारों ओर फैला है, लाखों का व्यापार है और उस व्यक्ति का चेहरा फूल की तरह खिला हुआ है। वह एक ओर बैठ गया। इतने में एक आदमी आ गया। उसका मुँह उतरा हुआ था। वह बोला, "मालिक, हमारा जहाज समुद्र में डूब गया। लाखों का नुकसान हो गया।"

धनपति ने मुसकराकर कहा, "मुनीमजी, इसमें परेशान होने की क्या बात है? व्यापार में तो ऐसा होता ही रहता है।"

इतना कहकर वह अपने साथी से बात करने लगा। थोड़ी देर में एक दूसरा व्यक्ति आकर बोला, "सरकार, रुई का दाम चढ़ गया है, हमें लाखों का

फायदा हो गया।"

धनिक ने कहा, "मुनीमजी, इसमें खुश होने की क्या बात है? व्यापार में ऐसा होता ही रहता है।"

सेठ को अपनी समस्या का समाधान मिल गया था। उसने समझ लिया कि शांति का स्रोत वैभव नहीं, मन की समता में है। उसने मन-ही-मन भगवान् बुद्ध का धन्यवाद किया और घर आकर अपने व्यापार में लग गया।

❑

उपकार

भगवान बुद्ध अकसर अपने प्रिय शिष्यों को उपदेश देते समय कोई न कोई कथा अवश्य सुनाते, ताकि उनके उपदेश सरलता से समझ सकें। ऐसी ही एक कथा भगवान् बुद्ध ने अपने शिष्यों को सुनाते हुए कहा–

एक स्त्री थी। उसकी आँखें चली गईं। पहले एक गई, फिर दूसरी। वह बहुत परेशान रहने लगी। पति अपनी अंधी पत्नी का बोझ कब तक उठाता। वह उससे अलग रहने लगा। उसकी छोटी लड़की ने भी उससे मुँह मोड़ लिया। स्त्री हर काम के लिए पराश्रित थी, पर उसे कौन सहारा देता! ऐसी हालत में उसकी एक पुरानी सहेली उसके पास आकर रहने लगी, लेकिन उसका व्यवहार बड़ा अजीब था। वह स्त्री जब पानी माँगे तो एक बार पिला देती। दूसरी बार माँगने पर कह देती, "मैं तुम्हारी नौकर नहीं हूँ। उठो, घड़े से लेकर अपने आप पी लो।"

वह कपड़े माँगती तो एक बार दे देती, दूसरी बार माँगने पर कह देती, "अलमारी में रखे हैं। जाओ, अपने आप ले आओ।"

कभी उसका मन घूमने का होता तो एक बार साथ चली जाती। दूसरी बार जाने की बात आती तो कह देती, "मुझे काम है, तुम अकेली घूम जाओ।"

अंधी स्त्री मन मसोसकर उठती और अपने काम करती।

सच्चाई यह थी कि सहेली उसे कम प्यार नहीं करती थी और न ही काम से बचना चाहती थी। वह बार-बार दया दिखाकर उसको सदा के लिए अपाहिज नहीं बनाना चाहती थी। धीरे-धीरे वह स्त्री सब काम अपने आप करने लगी। उसे किसी के सहारे की जरूरत न रही। तब उसने समझा कि उसकी सहेली ने उसके ऊपर बहुत बड़ा उपकार किया है। फिर वह अंधों की एक संस्था में चली गई और वहाँ उसने जाने कितने असहाय भाई-बहनों को अपने पैरों पर खड़ा होना सिखाया।

❑

जीने का मार्ग

किसी गाँव के समीप एक साँप रहता था। वह बड़ा ही तेज था। जो भी उधर से निकलता, वह उस पर दौड़ पड़ता और उस पर उसकी जान ले लेता। सारे गाँव के लोग उससे तंग आ गए। वे उसे रात-दिन कोसते। आखिरकार उन्होंने उस मार्ग से निकलना ही छोड़ दिया। गाँव का वह हिस्सा उजाड़ सा हो गया।

एक दिन महात्मा बुद्ध भ्रमण करते हुए उस गाँव में आए। लोगों ने उस साँप के उत्पात की बात उन्हें बताई।

गाँव वालों की बात सुनकर बुद्ध साँप के पास गए और उसे समझाते हुए बोले, "यह जन्म बार-बार नहीं मिलता। ऐसा जीना किस काम का कि लोग गालियाँ दें।"

साँप ने पूछा, "मैं क्या करूँ?"

बुद्ध बोले, "तुम हमला करना छोड़ दो। सबके साथ प्यार का व्यवहार करो।"

साँप ने उनकी बात मान ली।

उस दिन से वह खुले मैदान में चुपचाप पड़ा रहता। लोगों को यह मालूम हुआ तो उनका डर धीरे-धीरे दूर हो गया और वे उधर से बेधड़क आने-जाने लगे। अब गाँव के बच्चे वहाँ इकट्ठे हो जाते और उसको ईंट-पत्थर मारते, उसके बदन में लकड़ी चुभोते। बेचारा साँप सबकुछ सहन कर लेता। संयोग से एक दिन पुनः महात्मा उधर से निकले। उसकी बुरी हालत देखकर वे चकित रह गए। उन्होंने पूछा, "अरे, तुम्हें यह क्या हो गया?"

साँप ने सारा हाल कह सुनाया। सुनकर बुद्ध बोले, "भाई, मैंने तुझे काटने से रोका था, लेकिन फुफकारने से तो मना नहीं किया। जो अपने तेज को प्रकट

नहीं करता, उसे कोई जीने नहीं देता है।"

साँप अब भगवान् बुद्ध की बात समझ चुका था। असली बात समझी। उस दिन से उसने फुफकारना शुरू कर दिया। उसकी फुफकार सुनते ही बच्चे दूर भाग जाते। अब उन्होंने उसे सताना छोड़ दिया। साँप काटना पहले ही छोड़ चुका था। इसलिए लोगों ने उससे डरना भी बंद कर दिया था। अब वे सभी चैन से रहने लगे।

❑

बुद्ध का चमत्कार

किसी नगर में एक दुकानदार था। उसकी कपड़े की दुकान थी। वह बड़ा ही ईमानदार था और अपने ग्राहकों के साथ उसका व्यवहार बड़ा अच्छा रहता था। इसलिए उसकी दुकान खूब चलती थी।

अचानक दुकानदार के सामने एक कठिनाई आ गई। उसका छोटा लड़का उसके साथ दुकान पर बैठता था। जाने कहाँ से उसको आदत पड़ गई कि दुकान पर जो भी खरीदार आता, वह उसकी टोपी या पगड़ी उतारकर फेंक देता। दुकानदार ने उसे बहुत समझाया, डराया-धमकाया, मारा-पीटा, लेकिन उसने अपनी आदत न छोड़ी। धीरे-धीरे लोगों ने उसकी दुकान पर आना कम कर दिया।

दुकानदार बहुत ही परेशान हो गया। अब वह क्या करे? लड़के की माँ नहीं थी, इसलिए घर पर अकेले उसे छोड़ भी नहीं सकता था।

संयोग से एक दिन उसकी दुकान के सामने से भगवान् बुद्ध निकले।

उसने अपनी परेशानी उन्हें बताई, "तथागत, आप जैसे भी बने, इस लड़के को ठीक कर दीजिए। मैं आपका बड़ा अहसान मानूँगा।"

बुद्ध ने सारी बात सुनकर कहा, "मैं तुम्हारे लड़के को ठीक तो कर दूँगा, लेकिन एक शर्त है।"

दुकानदार ने पूछा, "क्या?"

वे बोले, "मैं या तुम्हारा बालक जो करे, तुम उसमें रोक-टोक नहीं करोगे।"

दुकानदार राजी हो गया।

अगले दिन बुद्ध अपने सिर पर एक साफा बाँधकर उसकी दुकान पर आए। लड़का तो ताक में था ही, जैसे ही बुद्ध बैठे कि वह उठा और उनका

साफा उतारकर सड़क पर फेंक दिया।

बुद्ध ने हँसकर कहा, "शाबाश बेटे" उन्होंने उसे पुचकारा और कहा, "जरा दौड़कर साफे को उठा तो लाना।"

लड़के ने छलाँग लगाई और साफा उठाकर ले आया।

बुद्ध ने कहा, "मेरे सिर पर इसे बाँध दो।"

लड़के ने उसे उलटा-सीधा करके सिर पर लपेट दिया। दूसरे दिन बुद्ध फिर उसकी दुकान पर आए। उनके सिर पर साफा था, पर वे दुकान के सामने एक लकड़ी और छोटी कुल्हाड़ी डाल आए थे। दुकान पर आते ही उन्होंने लड़के को अपने पास बुलाया और कहा, "बेटा, उस कुल्हाड़ी को उठाकर जरा लकड़ी के टुकड़े कर देना।"

दुकानदार ने सुना तो वह बड़ा घबराया। कहने को हुआ कि महाराज, आप यह क्या करवा रहे हो? लड़का अपना पैर काट लेगा, पर वह कुछ न बोलने का वचन जो दे चुका था।

लड़के ने कूदकर कुल्हाड़ी उठा ली और लकड़ी को काटने लगा। वह थोड़ी ही देर में थककर लौट आया और बुद्ध के पास बैठ गया।

बुद्ध ने सात दिन तक उससे कुछ न कुछ कराया। उसके बाद बच्चे की साफा उतारने की आदत एकदम छूट गई।

दुकानदार चकित रह गया। उसने बुद्ध से कहा, "तथागत! आपने यह क्या चमत्कार कर दिया?"

बुद्ध बोले, "हम लोग दिनभर में बच्चे से बीसियों बार कहते हैं, यह मत कर, वह मत कर, लेकिन एक बार भी यह नहीं कहते कि यह कर। बालक कुछ करना चाहता है। तुमने देखा, जब-जब मैंने तुम्हारे लड़के को कुछ करने को कहा, उसने कितने आनंद से उस काम को किया।"

दुकानदार ने भगवान् बुद्ध के चरणों में गिरकर अपनी भूल स्वीकार कर ली। उस दिन से उसका बिगड़ा बालक सुधर गया।

❑

कल की चिंता

एक सेठ था। उसके पास बहुत संपत्ति थी। वह अपने कारोबार से बहुत ही संतुष्ट था। अचानक एक दिन उसने हिसाब लगाया तो पता चला कि वह संपत्ति उसके बच्चों तक के लिए ही काफी होगी, लेकिन बच्चों के बच्चों का क्या होगा? इस विचार के आते ही सेठ भारी चिंता में डूब गया। संयोग से उन्हीं दिनों महात्मा बुद्ध उस नगर में थे। सेठ उसके पास पहुँचा और बोला, "महाराज मुझे इतनी संपत्ति चाहिए कि मैं भोगूँ, मेरे बच्चे भोगें, उनके बच्चे भोगें और फिर भी वह कभी खत्म न हो।"

बुद्ध ने कहा, "ऐसा ही होगा, पर इसके लिए तुम्हें एक काम करना होगा। तुम्हारे घर के पास एक टूटी-फूटी झोंपड़ी में सास-बहू रहती हैं। कल उनको एक दिन के खाने जितना सीधा (भोज्य सामग्री) दे आना। बस तुम्हारी इच्छा पूरी हो जाएगी।"

सेठ की खुशी का ठिकाना न रहा। उसकी रात बड़ी मुश्किल से कटी। दिन निकलते ही वह सीधा लेकर झोंपड़ी में पहुँचा। उसने वहाँ देखा, सास ध्यान में लगी है, बहू झोंपड़ी की सफाई कर रही है।

सेठ ने बहू से कहा, "यह लो, मैं तुम्हारे लिए दाल, आटा, घी, नमक लाया हूँ।"

बहू ने निगाह उठाकर उसकी ओर देखा और बोली, "हमें नहीं चाहिए, हमारे पास आज के खाने के लिए है।"

"तो क्या हुआ!" सेठ ने कहा, "कल काम आ जाएगा।"

बहू बोली, "हम अगले दिन के लिए संग्रह नहीं करते। भगवान् हमें रोज देता है।" यह सुनकर सेठ अवाक् रह गया। सोचा, एक ओर ये लोग हैं, जो कल की चिंता नहीं करते और दूसरी ओर मैं हूँ, जो बच्चों के बच्चों की चिंता में मरा जा रहा हूँ।' उसकी आँखें खुल गईं। फिर उसने धन की लालसा नहीं की। अब उसे महात्मा बुद्ध की बात समझ में आ चुकी थी। ❑

अपंग कौन?

बहुत समय पहले की बात है। किसी नगर में एक सेठजी रहते थे। उनके पास अपार संपत्ति थी, लंबी-चौड़ी हवेली थी, नौकर-चाकरों की सेना थी, भरा-पूरा परिवार था। सब तरह के सुख थे, पर एक दुख था। सेठ को रात को नींद नहीं आती थी, कभी आँख लग भी जाती तो भयंकर सपने आते। सेठ को बड़ी बेचैनी रहती। उन्होंने बहुत इलाज कराया, लेकिन रोग घटने के बजाय बढ़ता ही गया।

एक दिन अपने शिष्यों के साथ भगवान् बुद्ध उस नगर में आए।

सेठजी को पता लगा तो वह भी उनके पास गए और अपनी विपदा उन्हें कह सुनाई—"भंते, जैसे भी हो, मेरा कष्ट दूर कर दीजिए।"

बुद्ध ने कहा, "सेठजी, आपके रोग का एक ही कारण है और वह यह कि आप अपंग हैं।"

सेठ ने विस्मय से उनकी ओर देखा। पूछा, "आप मुझे अपंग कैसे कह सकते हैं? यह देखिए, मेरे अच्छे खासे हाथ-पैर हैं।"

बुद्ध ने हँसकर कहा, "अपंग वह नहीं होता, जिसके हाथ-पैर नहीं होते। वास्तव में अपंग तो वह होता है, जो हाथ-पैर होते हुए भी उनका उपयोग नहीं करता। बोलो, शरीर से तुम कितना काम करते हो?"

सेठ क्या जवाब देता। वह तो हर छोटे-बड़े काम के लिए नौकर पर निर्भर करता था।

बुद्ध ने कहा, "अगर तुम अपने रोग से बचना चाहते हो तो हाथ-पैर की इतनी मेहनत करो कि थककर चूर हो जाओ, तुम्हारी बीमारी दो दिन में दूर हो जाएगी।"

सेठ ने यही किया। बुद्ध की बात सही निकली। दूसरे दिन रात को सेठजी को इतनी गहरी नींद आई कि वे चकित रह गए। ❑

बुद्ध की सीख

एक राजा था। उसे हर घड़ी इस बात का डर लगा रहता था कि कहीं कोई दूसरा राजा उसके राज्य पर हमला करके उसे मार न डाले। वह सुरक्षा का उपाय सोचता, लेकिन उसकी समझ में कुछ भी न आता। आखिर एक दिन अचानक उसे एक रास्ता सूझा। उसने सोचा कि एक ऐसा महल बनवाया जाए, जो चारों ओर से बंद हो। न उसमें रोशनदान हो, न जंगले, न उसमें दरवाजे हों, न खिड़कियाँ। बस एक दरवाजा हो। ऐसे महल पर किसी का भी हमला कारगर नहीं होगा।

इस विचार के आते ही राजा ने काम शुरू करा दिया और कुछ ही महीनों में वह मनचाहा महल बनकर तैयार हो गया। जिसने भी उस महल को देखा, चकित रह गया। उसमें दुश्मन तो क्या, एक परिंदा तक नहीं आ सकता था। सबने राजा की बुद्धि की भूरि-भूरि प्रशंसा की।

राजा को पूरा भरोसा हो गया कि अब उसका कोई कुछ नहीं बिगाड़ सकता।

संयोग से एक दिन गौतम बुद्ध उस महल को देखने आए। राजा ने बड़े उल्लास से उन्हें सारा महल दिखाया, लेकिन बुद्ध के चेहरे पर उसे खुशी नहीं दिखाई दी। राजा ने पूछा, "कहो, महल कैसा लगा?"

बुद्ध ने गंभीर होकर कहा, "राजन् महल तो अच्छा है, लेकिन आपने एक भूल की है।"

राजा ने विस्मय से पूछा, "क्या?"

बुद्ध ने कहा, "आपने केवल एक दरवाजा रखा है। इस दरवाजे से दुश्मन तो नहीं आ सकता, लेकिन अगर मौत आ गई तब? इस दरवाजे को भी बंद करके आप भीतर बैठ गए होते तो शायद पूरी तरह से सुरक्षा हो जाती।"

बुद्ध के कथन से राजा की आँखें खुल गईं। उसने समझ लिया कि बंद महल व्यर्थ है। वह दुश्मन से तो बच सकता है, पर मौत से नहीं। जिसके लिए दरवाजे की भी जरूरत नहीं होती है' क्योंकि मौत जब आती है तो उसे दुनिया की कोई दीवार, कोई दरवाजा नहीं रोक सकता।

❑

सच्ची मित्रता

तथागत अपने शिष्यों को एक दिन सच्ची मित्रता की कथा सुनाते हुए बोले–

दो मित्र थे। वे बड़े ही बहादुर थे। उनमें से एक ने अपने बादशाह के अन्याय के विरुद्ध आवाज उठाई। बादशाह बड़ा ही कठोर और बेरहम था। उसको जब मालूम हुआ तो उसने उस नौजवान को फाँसी के तख्ते पर लटका देने की आज्ञा दी।

नौजवान ने बादशाह से कहा, "आप जो कर रहे हैं, वह ठीक है। मैं खुशी–खुशी मौत की गोद में चला जाऊँगा, लेकिन आप मुझे थोड़ा समय दे दीजिए। जिससे मैं गाँव जाकर अपने बच्चों से मिल आऊँ।"

बादशाह ने कहा, "नहीं, मुझे तुम पर विश्वास नहीं है।"

उस नौजवान का मित्र वहाँ मौजूद था। वह आगे बढ़कर बोला, "मैं अपने इस दोस्त की जमानत देता हूँ, अगर यह लौटकर न आए तो आप मुझे फाँसी पर चढ़वा दीजिए।"

बादशाह चकित रह गया। उसने अब तक ऐसा कोई व्यक्ति नहीं देखा था, जो दूसरों के लिए अपनी जान देने को तैयार हो जाए।

बादशाह ने उसकी प्रार्थना स्वीकार कर ली। उसे छह घंटे का समय दिया गया। नौजवान घोड़े पर सवार होकर अपने गाँव को रवाना हो गया। उसका मित्र जेलखाने भेज दिया गया।

नौजवान ने हिसाब लगाकर देखा कि वह पाँच घंटे में लौट आएगा, लेकिन बच्चों से मिलकर जब वह वापस आ रहा था, उसका घोड़ा ठोकर खाकर गिर गया और फिर उठा ही नहीं। नौजवान के भी चोट आई, पर उसने हिम्मत नहीं हारी।

छह घंटे बीते और वह नौजवान नहीं लौटा तो उसका मित्र बड़ा खुश हुआ। आखिर इससे बढ़कर क्या बात होती कि मित्र मित्र के काम आए। वह भगवान् से प्रार्थना करने लगा कि उसका मित्र न लौटे। जिस समय मित्र को फाँसी के तख्ते के पास ले जाया जा रहा था, तो वह नौजवान वहाँ आ पहुँचा। उसने मित्र से कहा, "लो, मैं आ गया। अब तुम घर जाओ। मुझे विदा दो।"

मित्र बोला, "यह नहीं हो सकता। तुम्हारी मियाद पूरी हो गई।"

नौजवान ने कहा, "यह तुम क्या कहते हो? सजा तो मुझे मिली है।"

दोनों मित्रों की मित्रता को बादशाह देख रहा था। उसकी आँखें डबडबा आईं। उसने उन दोनों को बुलाकर कहा, "तुम्हारी मित्रता ने मेरे दिल पर गहरा असर डाला है। जाओ, मैं तुम्हें माफ करता हूँ।"

उस दिन से बादशाह ने कभी किसी पर जुल्म नहीं किया।

❑

सत्य का महत्त्व

"सत्य के महत्त्व को समझना जितना कठिन होता है, उतना ही सरल भी।" अपने शिष्यों को उपदेश देते हुए भगवान् बुद्ध ने सत्य के महत्त्व को समझाने के लिए एक कथा प्रारंभ की–

एक ब्राह्मण रात्रि में अपने घर के बाहर बैठा था। तभी एक स्त्री सामने से गुजरी और ब्राह्मण ने उसे रोककर कहा, "आप कौन हैं देवी? इस घोर रात्रि में कहाँ जा रही हैं?"

स्त्री बोली, "मैं लक्ष्मी हूँ। इस नगरी को छोड़कर जा रही हूँ।"

"ठीक है, जाओ।" ब्राह्मण बोला।

कुछ देर बाद एक अन्य स्त्री के निकलने पर ब्राह्मण ने उससे वही प्रश्न किया। जिसके बाद उत्तर में वह बोली, "मैं कीर्ति हूँ और यहाँ से जा रही हूँ।"

ब्राह्मण ने कहा, "शौक से जाओ।"

इसके बाद उसने एक पुरुष को आते देखा, तो उठकर उससे मार्ग में वही बात पूछी।

पुरुष बोला, "मैं सत्य हूँ और इस नगर को छोड़कर जा रहा हूँ।"

यह सुनकर ब्राह्मण चिंतित हो उठा, लपककर सत्य के चरणों में गिर पड़ा और गिडगिड़ाकर कहने लगा, "नहीं भगवन! आप यहाँ से न जाएँ, आपके जाने के बाद तो यहाँ कुछ भी नहीं बचेगा, मैं आपको यहाँ से नहीं जाने दूँगा, भले ही मेरे प्राण निकल जाएँ।"

परोपकारी ब्राह्मण की अनुनय-विनय पर सत्य ने वहाँ रुकने की स्वीकृति दे दी। ब्राह्मण को संतोष हो गया। कुछ ही क्षणों में लक्ष्मी और कीर्ति को वापस आते देखकर वह मुसकराया और बोला, "आप दोनों तो चली गई थीं। अब क्या हुआ?"

यह सुनकर दोनों बोलीं, "हे ब्राह्मण देव! जहाँ पर सत्य है, वहाँ से हम नहीं जा सकतीं। अब हमें यहीं रहना होगा।"

भगवान् बुद्ध पुनः बोले, "श्रेष्ठतम जीवन का आधार सत्य है। सत्य के बल पर ईश्वर है, सत्य में ईश्वरीय शक्तियाँ वास करती हैं। जो व्यक्ति सत्य को धारण करता है, वह ईश्वर-तुल्य हो जाता है, परंतु सत्य का मार्ग काँटों से भरा है।"

❑

सच्ची दयालुता

रात्रि विश्राम के लिए भगवान् बुद्ध के शिष्यों ने एक सुनसान स्थान पर डेरा डाला हुआ था। चंद्रमा की चाँदनी में हर वस्तु स्पष्ट दिखाई दे रही थी। तभी एक शिष्य ने भगवान् बुद्ध से एक कथा सुनाने का आग्रह किया। बुद्ध अपने प्रिय शिष्य की बात टाल न सके, सभी को बैठने का इशारा किया और कथा सुनाते हुए बोले–

एक गाँव में मेला लगा हुआ था। वहीं पर एक छोटा सा कुआँ था, जिसमें एक आदमी भूल से गिर गया। वह चिल्लाने लगा, "मुझे बचाओ!" लेकिन मेले में बड़ा शोरगुल था, कौन सुने उसकी आवाज? लोग अपने काम-धंधे में लगे हुए थे।

साँझ हुई। लोग जल्दी में थे। इतने में एक समाजसेवी युवक कुएँ के पास आकर बैठा, उसे अंदर से आदमी की आवाज सुनाई दी। वह बोला, "चुप रह। यह बिना दीवार का कुआँ किसने बनाया। उस मेला अधिकारी के खिलाफ कारवाई करूँगा।" यह कहते हुए वह आगे चल दिया।

इतने में एक संन्यासी वहाँ आकर बैठा। कुएँ के अंदर से आदमी चिल्लाया, "मुझे निकालो।"

संन्यासी बोला, "भाई, पिछले जन्म में तुमने कुछ कुकर्म किए होंगे, जिसका फल भोग रहे हो। अपना-अपना फल सभी को भोगना पड़ता है। इसमें कुछ नहीं किया जा सकता।"

उस आदमी ने कहा, "यह तुम मुझे पीछे समझा देना। पहले कुएँ से तो बाहर निकलो।"

संन्यासी बोला, "देखो, मैं तो कर्म त्याग चुका हूँ। गाँव के लोगों से कहूँगा, तुम्हारी कुछ मदद कर दें।" कहते हुए वह भी चल दिया।

इतने में एक हारा-थका किसान उधर आया। सोचा, कुएँ से पानी खींचकर प्यास बुझा लूँगा। इतने में कुएँ के अंदर से आवाज आई, "मुझे निकालो!"

किसान ने अंदर झाँका, देखा एक आदमी गिरा पड़ा है। किसान बोला, "भाई, यह रस्सी तो है, पर पतली है, टूट जाएगी। देखो, कुछ उपाय करता हूँ।"

उसने अपनी धोती खोली और रस्सी के साथ बाँध दी। उसकी सहायता से वह आदमी बाहर आ गया। उस आदमी ने किसान के पैर पकड़ लिये और कहा, "भाई, तू सच्चा धार्मिक है, सच्चा समाज-सुधारक है। उन लोगों ने तो मेरी सुनी ही नहीं।"

किसान बोला, "भैया, मैं समाज-सुधार तो कुछ जानता नहीं, पर यह जानता हूँ कि जो दूसरों की फिक्र कर सकता है, वही दयावान होता है। सभी में राम जी रहते हैं। जैसे अपनी और अपने बच्चों की फिक्र, वैसी ही दूसरों की फिक्र कर सकता है, वहीं दयावान होता है।"

❑

उचित अवसर

भूलवश भगवान् बुद्ध के एक शिष्य ने किसी अवसर को गँवा दिया। भगवान् बुद्ध ने उस शिष्य को समझाते हुए एक कथा सुनाई–

एक बार एक धोबी अपने गधे के गले में पत्थर लटकाए जंगल से गुजर रहा था। दूसरी ओर से आते हुए एक जौहरी ने देखा कि वह पत्थर दरअसल हीरा था। धोबी को उसकी कोई जानकारी नहीं थी।

जौहरी ने धोबी को रोककर पूछा, "क्यों भाई, यह पत्थर खरीदना चाहूँ तो कितने में बेचोगे?" धोबी को पहले कुछ समझ में नहीं आया। उसने सोचा, यह कोई पागल है जो पत्थर खरीद रहा है। उसने मौज में कह दिया, "मैं इस पत्थर का एक रुपया लूँगा।"

"नहीं भाई, आठ आने में देना है तो बोलो।" जौहरी आठ आने बचाने की फिराक में बोला। पर धोबी अड़ गया। जौहरी ने यह सोचकर कि थोड़ी देर में मान जाएगा, उसे आगे जाने दिया।

थोड़ी दूर जाने पर एक और जौहरी पत्थर की असलियत पहचान–कर धोबी से पूछ बैठा, "क्यों भाई, यह पत्थर कितने में बेचोगे?"

धोबी फिर चौंका। इस बार उसने कहा, "मैं पत्थर के दो रुपए लूँगा।" जौहरी ने दो रुपए निकाले और पत्थर लेकर चलता बना।

इतने में पहले वाला जौहरी हाँफते हुए आया; बोला, "भाई लो, अपना पूरा रुपया ले लो, मुझे पत्थर दे दो।" धोबी ने बताया कि पत्थर तो दो रुपए का बिक चुका। जौहरी बहुत बिगड़ा, "मूर्ख, वह पत्थर नहीं लाखों का हीरा था।"

उसकी बात सुन धोबी हँसकर बोला, "लाखों के फायदे को आपने आठ आने के लाभ के लिए छोड़ दिया। आप लोभी तो हैं ही, मूर्ख भी हैं। जो ऐसे उचित अवसर को हाथों से जाने दिया" ❑

मोक्ष का मार्ग

एक दिन दोपहर के समय राजकुमार सिद्धार्थ वन में तपस्या कर रहे थे। उसी वन में एक गड़रिया भेड़-बकरियों को मारता-पीटता वहाँ से गुजर रहा था। भेड़ों की दशा देखकर सिद्धार्थ ने गड़रिए से पूछा, "भाई, तुम इन मूक प्राणियों को बुरी तरह मारते हुए कहाँ ले जा रहे हो?"

गड़रिया बोला, "आज राजा बिंबसार के महल में एक बहुत बड़ा यज्ञ हो रहा है। वहाँ इन सबकी बलि दी जानी है। मुझे वहाँ ठीक समय पर पहुँचना है, इसलिए मैं इन्हें लेकर राजा के महल जा रहा हूँ।"

इतना कहकर गड़रिया फिर भेड़ों को पीटता हुआ आगे बढ़ गया। सिद्धार्थ भी उसके पीछे-पीछे राजा के महल पहुँच गए।

जैसे ही बधिक ने बलि देने के लिए तलवार उठाई, दूर से आवाज आई, "ठहरो! हिंसा मत करो।" सब लोग साधु वेशधारी सिद्धार्थ को आश्चर्य से देखने लगे।

सिद्धार्थ राजा के पास आकर बोले, "राजन्! यह कैसा यज्ञ है, जिसमें मूक पशुओं का वध किया जा रहा है? इस यज्ञ के देवता कैसे हैं, जो निर्दोष जानवरों के खून से ही प्रसन्न होते हैं? खून पीकर न तो देवता प्रसन्न होते हैं और न ही मनुष्य को मोक्ष मिलता है। उलटा, वह पाप का भागीदार बन जाता है। दीन-दुखियों की निस्स्वार्थ सेवा, अहिंसा तथा धर्म ही मनुष्य के मोक्ष का द्वार है।"

सिद्धार्थ की बात का राजा पर गहरा प्रभाव पड़ा। उसने तुरंत सभी भेड़-बकरियों को स्वतंत्र करा दिया।

❑

धर्म का उजाला

महात्मा बुद्ध ने अपनी कुटिया नगर से दूर वीराने में बना रखी थी। वहीं वे अपनी तप साधना में लगे रहते थे। फिर भी अनेक लोग उनके पास अपनी कठिनाइयाँ लेकर आते थे और उनसे समाधान पाकर संतुष्ट भाव से वापस जाते थे। बुद्ध की ख्याति सुनकर एक दिन नगर का एक सेठ भी उनके पास आया। उसके पास काफी धन था। तिजोरियों में खजाना भरा पड़ा था। उसका मानना था कि बिना धन के जीवन नहीं चल सकता, लेकिन धर्म के बिना तो कोई काम नहीं रुकता। फिर भी हमेशा धर्म की ही दुहाई क्यों दी जाती है? अपना संशय लेकर वह बुद्ध के पास पहुँचा।

उसकी शंका सुनकर संत ने कोई उत्तर नहीं दिया। उत्तर की प्रतीक्षा में सेठ कुटिया में ही रुक गया। रात हुई। दीपक जलाया गया। धीरे-धीरे रात गहराने लगी।

सेठ ने पूछा, "तथागत! दीपक क्यों जल रहा है। मुझे उजाले में नींद नहीं आ रही है। यह और कब तक जलेगा?"

बुद्ध ने कहा, "जब तक अँधेरा रहेगा।"

सेठ बुद्ध का मुँह देखने लगा। तब बुद्ध ने समझाया, "इस दीपक की तरह धर्म की भी इसलिए जरूरत है, क्योंकि जगत् में अधर्म है। जब तक अधर्म रहेगा, तब तक धर्म की जरूरत बनी रहेगी।"

सेठ को अपने प्रश्न का उत्तर मिल गया था और वह संशय मुक्त होकर अपने घर लौट गया।

❑

सत्य से दूर

एक बार महात्मा बुद्ध ने अपने एक शिष्य पर प्रसन्न होकर उसे पारसमणि देने का वचन दिया। नियत स्थान पर बुलाकर बुद्ध ने शिष्य को उस स्थान पर खुदाई करने को कहा। खोदने पर वहाँ एक लोहे की डिब्बी मिली। बुद्ध ने शिष्य को बताया कि इसी में वह पारसमणि है, जो किसी भी धातु से छूने पर उसे सोने में बदल देगी।

शिष्य ने काफी अध्ययन किया था। उसने सोचा कि यदि डिब्बी में पारस पत्थर होता तो कम से कम यह लोहे की डिब्बी तो सोने की बन ही गई होती। इसलिए बुद्ध के विदा होते ही उसने वह डिब्बी बेकार जानकर फेंक दी।

जमीन पर गिरने से डिब्बी खुल गई और उसमें रखा हुआ पत्थर छिटककर कहीं खो गया। लेकिन छिटकते समय उसका स्पर्श डिब्बी की बाहरी सतह से हो गया, सो डिब्बी सोने की हो गई।

आश्चर्य से जब शिष्य ने निकट जाकर देखा तो उसे मालूम हुआ कि डिब्बी के अंदर पारसमणि को रखने के लिए कपड़े का अस्तर लगाया गया था, इसलिए उसका सीधा स्पर्श डिब्बी से नहीं हो पाया था। और वह सोने की नहीं बन पाई थी। शिष्य को बहुत पछतावा हुआ।

हम सब ज्ञान को, सत्य को पाने का साधन समझते हैं, लेकिन कई बार अपने तर्कज्ञान के कारण ही हम सत्य से दूर हो जाते हैं।

शिष्य अपने अधिक ज्ञान के कारण ही सत्य (पारसमणि) से वंचित रह गया।

❑

शांति की खोज

किसी राजा ने एक युवक की बहादुरी पर खुश होकर उसे राज्य का सबसे बड़ा सम्मान देने की घोषणा की। मगर पता चला कि वह युवक इससे खुश नहीं है। राजा ने उसे बुलवाया और पूछा, "युवक, तुम्हें क्या चाहिए? तुम जो भी चाहो, मैं तुम्हें देने के लिए तैयार हूँ। तुम्हारी बहादुरी और साहस इन पुरस्कारों से बहुत ऊपर है।"

इस पर उस युवक ने जवाब दिया, "महाराज! क्षमा करें। मुझे मान-सम्मान, पैसा और पद नहीं चाहिए। मैं तो सिर्फ मन की शांति चाहता हूँ।"

राजा ने सुना तो वह बहुत मुश्किल में पड़ गया। उसने कहा, "तुम बड़ी अजीब चीज माँग रहे हो। जो चीज मेरे पास ही नहीं है, वह मैं तुम्हें कैसे दे सकता हूँ।"

फिर कुछ सोचकर राजा बोला, "हाँ, मैं एक महापुरुष को जानता हूँ। शायद वे तुम्हें मन की शांति दे सकें।" राजा स्वयं उस युवक को लेकर महापुरुष के आश्रम में गया। वे महापुरुष कोई और नहीं, स्वयं भगवान बुद्ध थे, जो अद्‌भुत रूप से शांत और प्रसन्न थे। राजा ने बुद्ध से प्रार्थना की कि वे युवक को मन की शांति प्रदान करें। राजा ने उन्हें यह भी सफाई दी कि युवक ने अपनी असाधारण बहादुरी के लिए यही पुरस्कार माँगा है। मगर मैं खुद ही शांत नहीं हूँ, फिर भला उसे कैसे शांति दे सकता हूँ? इसलिए इसे आपके पास लेकर आया हूँ।

इस पर बुद्ध बोले, "राजन, शांति ऐसी संपदा नहीं है, जिसे कोई ले या दे सके। उसे तो स्वयं ही पाना होता है। उसे न तो कोई दूसरा दे सकता है और न वह दूसरों से छीनी जा सकती है। शांति तो स्वयं ही पाई जा सकती है। उसे कोई और नहीं दे सकता।"

❑

वाणी का प्रभाव

एक दिन भगवान् बुद्ध भ्रमण करते हुए अपने शिष्यों के साथ जंगल में गए। एक शिकारी शिकार के लिए वहाँ गया हुआ था। एक सैनिक भी जंगल में रास्ता भटक गया। तीनों को प्यास लगी। दूर कहीं उन्हें एक झोंपड़ी दिखाई दी। उसमें एक अंधा भिक्षु बैठा था। शिकारी वहाँ पहुँचा और बोला, "ऐ अंधे, मुझे पानी पिला दे, वरना तीर से तेरा जलपात्र फोड़ दूँगा।"

अंधा बोला, "चल भाग यहाँ से शिकारी कहीं का, नहीं पिलाता पानी।"

उसी के पीछे सैनिक आया और बोला, "अंधे, पानी पिलाकर मेरी प्यास बुझा। चाहे तो धन और वस्त्र ले ले।"

अंधे व्यक्ति ने चिढ़कर कहा, "राजा का सैनिक है, मुझे लोभ दिखाता है, जा, नहीं मिलेगा पानी।" तब तक बुद्ध भी वहाँ पहुँच गए। उन्होंने कहा, "सूरदासजी, थोड़ा सा पानी प्रदान करें, तो बड़ी कृपा होगी। प्यास से प्राण संकट में आ गए हैं।"

अंधा बोला, "मेरा सौभाग्य है कि आप मेरी कुटिया में पधारे। लीजिए, जल ग्रहण कीजिए।"

पानी पीकर बुद्ध ने कहा, "आप देख नहीं सकते, फिर यह कैसे जान गए कि पहले आया व्यक्ति शिकारी, दूसरा सैनिक तथा तीसरा मैं एक साधु हूँ?"

अंधा बोला, "भंते, वाणी से ही इनसान की पहचान हो जाती है।"

बुद्ध ने उससे विनती की, "आप इन दोनों को भी पानी पिला दीजिए, ताकि इनके मन की आँखें भी खुल जाएँ।"

❑

कर्म की महिमा

कर्म की महिमा का बखान करते हुए एक दिन महात्मा बुद्ध ने अपने शिष्यों को एकत्र कर एक कथा सुनाई–

एक बार ज्योतिषियों ने खबर दी कि सात साल तक पानी नहीं बरसेगा। एक मामूली किसान ने हल-बक्खर उठाकर घर में रख दिए कि जब वर्षा ही नहीं होगी तो फिर खेत क्या जोतना! तीन दिन घर सें खाली बैठे-बैठे वह ऊब गया। सोचा कि अगर सात साल तक खेत में जुताई नहीं की तो कहीं हल-बक्खर चलाना ही न भूल जाऊँ। यह सोचकर उस किसान ने हल-बक्खर उठाया और खेत जोतने लगा। वह खुश था कि पानी बरसे न बरसे, लेकिन मैं अपना काम करता रहूँ, तो कम-से-कम खेती का अभ्यास तो बना रहेगा। यही सोचते-सोचते जब वह खेत जोत रहा था, तभी आसमान में एक बदली दिखाई दी। अभी तक ऐसी अनेक बदलियाँ बिना बरसे ही निकल चुकी थीं। इसलिए उस किसान ने अब बदलियों की ओर आँख उठाकर देखना भी बंद कर दिया था। लेकिन इस बदली ने तो किसान को ही पुकार लिया। उसने कहा, "अरे ओ मूर्ख! तूने सुना नहीं कि सात साल तक पानी नहीं बरसेगा। क्या तू इस भविष्यवाणी से अनजान है? क्या कर रहा है यह? हम बरसने वाले नहीं हैं?'

बदली की बात किसान ने सुनी। उसने कहा, "बहन! मैं बैठे-बैठे घबरा गया था। सोचा कि अपना कृषि कर्म करूँ। कहीं ऐसा न हो कि मैं खेती करना ही भूल जाऊँ। पानी बरसे या न बरसे, हल-बक्खर चलाना तो याद रखना है। कहीं भूल न जाऊँ सात साल में।" बदली चकित रह गई। किसान क्या कह रहा है। कहीं मैं भी बरसना ही न भूल जाऊँ सात साल में। बदली को लगा कि किसान ठीक कह रहा है। सबको अपना-अपना काम करते रहना चाहिए और वह बरसने लगी।

❑

सबका हित

संध्या का समय था। सभी शिष्य भगवान् बुद्ध के समक्ष बैठे दिनभर के भ्रमण की थकान उतार रहे थे। तभी एक शिष्य बोला, "भंते! सभी व्यक्ति अपने ही हित की बात सोचते और करते हैं। ऐसे करने मात्र से क्या शांति को प्राप्त किया जा सकता है?"

भगवान् बुद्ध ने बड़े नम्र शब्दों में शिष्य के प्रश्न का उत्तर देते हुए एक कथा सुनाई, वे बोले–

एक व्यक्ति था। सारा नगर और आसपास के गाँवों में उसके आचरण की प्रसिद्धि थी। जिस ओर वह जाता, लोगों के सिर आदर के साथ झुक जाया करते थे। चारों ओर श्रद्धा एवं स्तुति के सिवाय लोगों के मन में उसके लिए और कुछ नहीं था। सारा शहर अपने को धन्य मानता था कि ऐसा व्यक्ति उनके शहर में निवास करता है।

भगवान् के दूत शाम को जब उनके सामने अपनी अनुभूति प्रस्तुत करते तो भगवान् को उस व्यक्ति के कार्य-कलापों से बड़ी प्रसन्नता होती थी। वे उस व्यक्ति को मुँह माँगा वरदान देने के लिए वर्षों से उत्सुक थे।

एक दिन देवदूतों के कहने पर उन्होंने उस व्यक्ति को यह शक्ति देनी चाही कि वह यदि किसी बीमार को स्पर्श कर दे तो उसकी बीमारी तुरंत दूर हो जाए। किंतु उस व्यक्ति ने यह कहकर उसे अस्वीकार कर दिया कि यह काम तो भगवान् का है। मनुष्य को अगर यह महान् शक्ति मिल जाएगी तो संसार में प्राणी भगवान् से विमुख होकर मनुष्य को पूजने लगेंगे।

कुछ दिन बाद भगवान् ने उसे यह वरदान दिया कि जो तुम्हारे संपर्क में आएगा, वह कितना ही पापी क्यों न हो, सही मार्ग पर चलने लगेगा। उस व्यक्ति को यह वरदान भी स्वीकार न हुआ। उसने कहा कि यह काम तो

अवतारों और पैगंबरों का है।

तब भगवान् ने कहा कि मैं तुम्हें अपनी सारी ईश्वरीय सत्ता देता हूँ, उसे स्वीकार करो और मुझे असमंजस से मुक्त करो।

इस पर वह व्यक्ति विनयपूर्वक बोला, “मुझे आपने मनुष्य देह देकर सबकुछ तो दे दिया है, फिर मुझे क्या चाहिए? यदि आपको कुछ दिए बिना तुष्टि नहीं होती है, तो कृपया मुझे यह दे दीजिए कि मेरे द्वारा सबका हित होता रहे और मुझे उनका ज्ञान भी न रहे।”

❑

सच्चा पथ

किसी घने जंगल में गौतम बुद्ध का आश्रम था। आश्रम में उनके साथ पाँच शिष्य भी रहते थे। बुद्ध प्रतिदिन अपने शिष्यों को ज्ञान की विभिन्न बातें बताया करते थे।

ज्ञान की बातें सुनकर शिष्यों को यह अभिमान हो गया कि वे भी किसी महात्मा से कम नहीं हैं।

शिष्य जब भी गाँव या शहर में जाते तो कई दुष्ट लोग उन पर तरह-तरह के ताने कसा करते और कई तरह से रिझाया व सताया भी करते।

एक दिन शिष्यों ने बुद्ध से कहा, "भंते! हम लोग जब भी गाँव या शहर में जाते हैं, तो दुष्ट लोग हमें क्यों सताते हैं?"

यह सुनकर बुद्ध ने मंद-मंद मुसकराते हुए कहा, "मेरे प्रिय शिष्यो। जब पौधा जमीन से निकलता है, तो वह नन्हा पौधा ही कहलाता है, यदि पौधा यह सोचे कि वह एक विशाल वृक्ष है, तो ऐसा सोचना उसकी सरासर मूर्खता है।"

यह जवाब सुनकर शिष्य बोले, "भंते, हम समझे नहीं, आखिर आप कह क्या रहे हैं?"

बुद्ध बोले, "तुम मेरे शिष्य हो, लेकिन तुम्हें इस बात का अभिमान हो गया है कि तुम किसी महात्मा से कम नहीं हो, लेकिन महात्मा बनने के लिए अभी तुम्हें सांसारिक ज्ञान की कई सीढ़ियों का सफर तय करना है। इन सीढ़ियों पर चढ़ते-चढ़ते तुम्हें हितैषियों और अहित करने वाले दुष्टों के भेद का ज्ञान भी हो जाएगा। अर्थात् किसी की भलाई करने पर प्रसन्न न होगे और किसी के कष्ट देने पर दुखी भी न होगे। उस समय तुम सही अर्थों में संत कहलाने के अधिकारी होगे। बाहरी जगत् का मोह त्यागकर आंतरिक जगत् में विचरण करने वाला व्यक्ति ही एक सच्चा संत बन सकता है। बाकी केसरिया

वस्त्र धारण कर या सिर मुँडवाकर बाहरी जगत् के प्रपंचों में फँसा व्यक्ति ढोंगी हो सकता है, संत नहीं।"

यह सुनकर शिष्यों ने अभिमान की धारणा त्याग दी और संत बनने के लिए बुद्ध के कहे अनुसार सत् पथ पर चलने लगे।

❑

लोभ का परिणाम

कभी-कभी लोभ व्यक्ति को इतना अंधा बना देता है कि उसे अपने जीवन की भी परवाह नहीं रहती। ऐसी ही एक कथा सुनाते हुए भगवान् बुद्ध ने अपने शिष्यों से कहा–

एक बार देश में भीषण अकाल पड़ा। पशु-पक्षी और मनुष्य भूखों मरने लगे। एक स्थान पर पक्षियों का एक दल रहता था। जब मरने की नौबत आ गई तो दल का राजा बोला, "चलो उड़कर पहाड़ पर चलें, पहाड़ पर कुछ न कुछ खाने को मिल जाएगा।"

पक्षियों का दल पहाड़ की ओर उड़ चला। पहाड़ पर कुछ घास तो मिली, पर अन्न नहीं मिला। पक्षियों के दल में एक लोभी भी था। एक रात उसने सोचा, 'पहाड़ के नीचे चलकर देखना चाहिए, शायद कहीं खाने को अनाज मिल जाए।' वह पहाड़ के नीचे आ पहुँचा। सूर्योदय होने पर अन्न खोजने लगा। सहसा उसकी नजर शहर की ओर जाने वाली एक सड़क पर गई। वह यह देखकर प्रसन्न हो उठा कि वहाँ से कुछ बैलगाड़ियाँ आ रही है, जिन पर बोरियाँ लदी हुई हैं। पक्षी ने सोचा, 'अवश्य ये अनाजों की ही बोरियाँ होंगी। पेट भर खाऊँगा और इकट्‌ठा भी कर लूँगा।'

बैलगाड़ियों पर अनाजों की ही बोरियाँ लदी हुई थीं। पक्षी ने चोंच से बोरियों में छेद कर दिए। अनाज के बहुत से दाने सड़क पर गिर गए। पक्षी ने पेटभर दाने खाए और अपने दल में जा मिला। दल के पक्षियों ने पूछा, "कहीं खाने के लिए अनाज दिखाई पड़ा।" लोभी पक्षी ने कहा, "अनाज तो दिखाई पड़ा था, लेकिन खाने को नहीं मिला। अनाज के पास कई शिकारी खड़े थे।" दूसरे दिन भी उसने ऐसा ही किया। ऐसे में वह यह भूल गया कि सड़क पर दूसरी बैलगाड़ी भी आ सकती है। सहसा पीछे से दूसरी बैलगाड़ी आ गई और

वह बैलों के पैरों से कुचलकर मर गया।

पक्षियों का दल जब उसे खोज़ने निकला तो देखा, पक्षी मरा पड़ा था। राजा को समझते देर नहीं लगी कि इसे अनाज के बारे में पता था, लेकिन यह अपने साथियों के साथ विश्वासघात करना चाहता था। लोभ के कारण इसकी मृत्यु हुई।

❑

अहंकार का त्याग

एक दिन एक राजा भगवान् बुद्ध के पास आया। बुद्ध के आश्रम में बहुत भीड़ थी। राजा ने आग्रह किया कि वह एकांत में कुछ कहना चाहता है। बुद्ध बोले, "मूँदो नयन कतहुँ कोउ नाही। सर्वत्र एकांत है। यहीं बोलो।" राजा ने कहा कि मैं संन्यास लेना चाहता हूँ। बुद्ध गंभीर हो गए। वे बोले कि तुम्हें संन्यस्त होने के लिए दीक्षा के पहले मेरी एक शर्त का पालन करना होगा। राजा ने आश्वस्त किया कि जब दीक्षा लेनी है और संन्यस्त होना है तो सब शर्तें मंजूर हैं। बुद्ध ने आदेश दिया कि अपने कपड़े उतारो। जूते उतारो। नग्न हो जाओ अपनी राजधानी के राजमार्गों पर स्वयं को जूते मारते हुए चक्कर लगाकर आओ।

राजा ने वही किया। वह नग्न होकर स्वयं को जूते मारता हुआ राजधानी की सड़कों पर दौड़ने लगा। उसके चले जाने पर शिष्यों ने बुद्ध से कहा कि जब हम दीक्षा लेने आए थे, तब तो आपने ऐसी कठोर शर्त नहीं लगाई थी। आप तो स्वयं करुणावतार हैं। फिर राजा के साथ ऐसा कठोर व्यवहार क्यों? बुद्ध बोले, "जब तुम लोग संन्यास लेने आए तो तुम्हारे अहंकार बहुत बड़े नहीं थे। सो तुमसे भिक्षाटन करवाकर ही काम बन गया। यह तो राजा है। इसका अहंकार बहुत बड़ा है, इसलिए महारोग की दवाई भी अधिक शक्तिशाली होती है। राजा जब इस दशा में अपने ही प्रजाजनों के सामने से गुजरेगा तो उसका अहंकार चूर-चूर हो चुका होगा।"

राजा ने शाम तक शर्त पूरी कर ली और बुद्ध के चरणों में आकर साष्टांग हो गया, "भंते, मुझे दीक्षा देकर अब तो संन्यस्त करें।"

बुद्ध ने राजा के सिर पर मुकुट रखा और कहा कि अब तुम्हें संन्यास लेने की जरूरत ही नहीं है। जाओ, और कर्ताभाव छोड़कर साक्षीभाव से राज करो, अब तो तुम राजर्षि हो चुके हो। ❑

भिन्न-भिन्न कसौटी

भगवान् बुद्ध एक दिन अपने प्रिय शिष्यों के साथ एक बगीचे में भ्रमण कर रहे थे। तभी उन्हें एक कथा का स्मरण हो आया और वे अपने शिष्यों को कथा सुनाने लगे–

एक माली और एक सुनार में दोस्ती थी। माली अपने बगीचे में सुगंधित फूल उगाने के लिए दिन-रात कठोर परिश्रम करता और भाँति-भाँति की सुगंध पैदा कर देता। उसे अपने उद्यान पर गर्व था। एक दिन उस माली ने अपने दोस्त सुनार से कहा, "क्या अपनी दुकान पर बैठे ठुकठुक करते रहते हो। एक दिन मेरे बगीचे में आओ। भाँति-भाँति की सुगंधों का साक्षात्कार करोगे तो तबीयत बाग-बाग हो जाएगी।" सुनार बोला कि मेरे दोस्त हो। मैं जरूर आऊँगा।

एक दिन वह बगीचे में पहुँच गया। उसके हाथ में सोने को कसने की कसौटी थी। वह एक-एक फूल को अपनी कसौटी पर कसकर देखता और मुँह बिचकाकर दूसरे पौधे की ओर रुख कर देता। सुनार को बगीचे में मजा नहीं आया। माली को भी अच्छा नहीं लगा। उसने सोचा, 'मैंने किस पागल को निमंत्रण दिया।' इसके बाद सुनार ने माली को अपनी दुकान पर आने का निमंत्रण दिया। माली ने आमंत्रण मंजूर कर लिया। वह अपने दोस्त सुनार की दुकान पर पहुँच गया। वह हर एक जेवर उठा-उठाकर सूँघता और निराश होकर रख देता। संभवतः वह सोने में भी सुगंध खोज रहा होगा। उसे भी उतनी ही निराशा हाथ लगी, जितनी कि सुनार को बगीचे में लगी थी। वास्तव में हम सब सुनार और माली ही तो हैं। जीवन में सुख-संतोष खोजने की हमारी अपनी-अपनी कसौटियाँ हैं। कठिनाई यह है कि हम फूलों को सोने की कसौटी पर कसते हैं और सोने में सुगंध खोजते हैं।

❑

अज्ञानी

सिद्धार्थ बुद्धत्व प्राप्त करके महात्मा बुद्ध बन गए। सत्य, अहिंसा और सहिष्णुता की प्रतिमूर्ति बुद्ध अपने कुछ शिष्यों के साथ एक गाँव में पहुँचे। कुछ अज्ञानी लोग उनके विरोधी थे। वे बुद्ध को अपशब्द कहने लगे। बुद्ध के शिष्यों को बहुत बुरा लगा। मगर बुद्ध ने उन्हें समझाया कि ये लोग तो केवल अपशब्द ही कह रहे हैं, अगर ये पत्थर भी मार रहे होते तो भी मैं कहता कि मारने दो। मैं जानता हूँ कि ये लोग कुछ कहना चाहते हैं, लेकन मारे क्रोध के कह नहीं पा रहे हैं। दस साल पहले यदि ये ही लोग गाली देते तो भी मैं इन्हें गाली देता। लेकिन अब तो लेन-देन से मुक्ति मिल चुकी है। क्रोध से अपशब्द निकलते हैं। यहाँ तो क्रोध भवन कब का ढह चुका है।

अपशब्द कहने वाले बड़ी मुश्किल में पड़ गए। तभी बुद्ध ने अपने शिष्यों से पूछा कि गाँव में कुछ लोग अपशब्द कह रहे हैं। इन्हें बताओ कि पिछले गाँव में क्या हुआ था। शिष्यों ने बताया कि वहाँ के लोग फूल और मिठाइयाँ लेकर आए थे। बुद्ध ने पूछा कि फिर मैंने क्या किया था? शिष्यों ने बताया कि आपने सारे फूल और मिठाइयाँ यह कहकर वापस कर दी थीं कि अब लेने वाला विदा हो चुका है। इन्हें वापस ले जाओ। आपने कहा था कि दस साल पहले आते तो मैं सारे उपहार ले लेता।

बुद्ध ने पूछा, "फिर उन लोगों ने मिठाइयों का क्या किया होगा?" शिष्यों ने बताया कि गाँवों में बाँट दी होंगी। "ये लोग अपशब्दों के थाल सजाकर लाए हैं। लेकिन ये गलत आदमी के पास आ गए हैं। ये मुझसे क्रोध नहीं करवा सकते। ठीक खूँटी की तरह, जो किसी को नहीं टाँगती, उस पर वस्त्र जरूर टाँगे जाते हैं।"

❑

ज्ञान का दीपक

शाम पूरी तरह से ढल चुकी थी। गहरा अँधेरा छाने लगा था। तथागत ने शिष्यों को विश्राम करने का आदेश दिया। सभी शिष्यों ने बुद्ध के आदेश का पालन किया और विश्राम करने के लिए एक उचित स्थान का चयन कर लिया। इससे पहले सभी निद्रा में लीन होते, बुद्ध को एक अद्‌भुत कथा याद आई, जो उन्होंने अपने शिष्यों को सुनाई–

यह कथा तब की है जब पृथ्वी पर हर जगह प्रकाश नहीं था। अग्नि नहीं थी। चारों ओर अँधेरा ही अँधेरा था। एक गाँव के लोग सदैव अंधकार में ही रहते थे, लेकिन फिर भी उनके मन में अँधेरे को दूर करने की इच्छा थी। उन लोगों ने बहुत उपाय किए। मंत्र-श्लोक पढ़े, बूढ़े सायनों से सलाह ली। जब सब बेकार चला गया तो एक दिन बैठकर अँधेरा भगाने की समस्या पर सामूहिक चर्चा की। आम सहमति से फैसला हुआ कि गाँव के सब लोग अँधेरे को टोकरियों में भरकर फेंकें। उसे गहरी खाई में डाल दें। एक न एक दिन तो उसका अंत होकर ही रहेगा।

यह बात इतनी उचित लगी कि गाँव के सारे लोग अँधेरे को टोकरियों में भर-भरकर खाई में फेंकने लगे। दिन, महीने, साल, युग बीत गए। पीढ़ियाँ-दर-पीढ़ियाँ टोकरी भर-भरकर अँधेरे को खाई में फेंकती रहीं, लेकिन न तो अँधेरा गया और न वह खाई ही भरी। लोग ऊब गए। हार गए। साल-दर-साल हर व्यक्ति अँधेरे को टोकरी में भरकर फेंकता रहा। अँधेरे को फेंकना एक प्रथा बन गई। फिर एक नई पीढ़ी आई। उसे यह रिवाज निरर्थक लगा। उस पीढ़ी का एक नौजवान एक दूसरे गाँव की सुंदरी से प्यार करने लगा। वह उसकी दुल्हन बनकर गाँव में आ गई। पहले ही दिन उसकी सास, ननद, ससुर, जेठ, देवर आदि सब उसके पीछे पड़ गए कि गृह प्रवेश बाद में

करना, पहले पाँच टोकरे अँधेरा उस खाई में फेंको। वह हँसने लगी। उसने अपने वस्त्रों की गाँठ में से एक सफेद चीज निकाली। अपने मायके से लाया दीपक निकाला। दो पत्थर रगड़कर अग्नि प्रज्वलित की। दीया बाती, तेल और अग्नि के मेल से उजाला हो गया। लोग देखते ही रह गए। दीया जला। अँधेरा हो गया। उस दिन से उन लोगों ने अँधेरे को फेंकना छोड़ दिया, क्योंकि वे दीया जलाना सीख गए थे।

❑

साधना और साध्य

साधना और साध्य का अंतर समझाने के लिए गौतम बुद्ध एक आख्यान का सहारा लिया करते थे। उन्होंने अपने शिष्यों को यह कहानी अनेक बार सुनाई, "एक गाँव में कुछ लोग नदी पार करने के लिए नाव से उतरे। वे आठ लोग थे। परम बुद्धिमान। नितांत धार्मिक।

किनारे पर उतरकर उन्होंने तय किया कि जिस नाव ने हमें नदी पार कराई है, भला हम उसे कैसे छोड़ सकते हैं। इसलिए उन्होंने कृतज्ञता ज्ञापन का एक अद्‌भुत तरीका खोज निकाला । उन्होंने कहा कि जिस नाव पर हम सवार थे। अब उचित होगा कि हम पर नाव सवार हो जाए। सो उन आठों बुद्धिमानों ने उस नाव को अपने सिर पर उठा लिया। नाव को सिर पर उठाए वे लोग बाजारों, सड़कों और गलियों से गुजरे। देखने वाले कहते कि हमने नाव पर तो बहुतों को सवार देखा है, लेकिन नाव को लोगों पर सवार कभी नहीं देखा। ये लोग कैसे सिरफिरे हैं, जो नाव को सिर पर ढो रहे हैं।

उन्होंने जवाब दिया कि तुम सब तो कृतघ्न हो। तुम्हें कृतज्ञता का क्या पता? हम जानते हैं अनुग्रह का भाव। हम कृतज्ञ हैं। हम आभार प्रदर्शन करना जानते हैं। इस नाव ने हमें नदी पार करवाई है। अब हम इस नाव को स्वयं अपने सिर पर ढोकर संसार पार करवाकर रहेंगे। हम इस पर थे। अब यह हम पर रहेगी।

अंत में गौतम बुद्ध ने शिष्यों को समझाया कि नाव वास्तव में नदी पार करने के लिए है। सिर पर ढोने के लिए नहीं। बहुत से लोग हैं, जो साधन या साधना को इस बुरी तरह पकड़ लेते हैं कि वही साध्य हो जाती है। इस प्रकार हम सिद्धि का लक्ष्य भूल जाते हैं।

❑

सबकी मंजिल एक

'भले ही सबका रास्ता अलग-अलग हो, परंतु मंजिल सभी की एक ही होती है।' इसी बात का बोध कराने के लिए गौतम बुद्ध अपने शिष्यों को जो कथा सुनाते थे। वह इस प्रकार थी–

एक कंबल, चिमटा, तुंबी और लँगोटी ही महात्माजी की संपत्ति थी। इसमें सबसे मूल्यवान था कंबल, जो उन्हें किसी भक्त ने दिया था। एक रात चोर आया और महात्मा का कंबल चुरा ले गया। दूसरे दिन जब उनके अनुयायी आश्रम में एकत्र हुए तो उन्होंने महात्मा को दुखी पाया। पता चला कि उनका कंबल चोरी चला गया है। शिष्यों ने दूसरा कंबल ला देने की बात कही। लेकिन महात्मा ने सबको मना कर दिया। उन्होंने कहा, "मुझे पता है कि वह कंबल कौन ले गया है। कहाँ, कब मिलेगा।"

शिष्यों ने समझा कि महाराजजी त्रिकालदर्शी हैं। अतः उन्होंने कंबल और चोर का पता लगा लिया होगा। उन लोगों ने महात्मा से प्रार्थना की कि चोर के बारे में बता दें, ताकि उसे कंबल सहित पकड़कर लाया जा सके। महात्मा का कंबल चुराना जघन्य अपराध है। कंबल बरामद करने के अतिरिक्त चोर को उचित दंड भी मिलना चाहिए।

तभी महात्माजी उठ खड़े हुए और एक ओर को भागने लगे। लोगों ने उनसे पूछा कि कहाँ जा रहे हैं? वे बोले कि चोर को पकड़ने जा रहा हूँ। लोगों ने पूछा कि क्या आपको उसका पता-ठिकाना मालूम है, जो उसे पकड़ने जा रहे हैं। महात्मा ने कहा, "हाँ, तुम सब भी मेरे पीछे-पीछे चले आओ।" महात्माजी अपने चेलों के समूह सहित एक मरघट पर जाकर रुक गए। वे वहीं धूनी रमाकर बैठ गए। चेलों ने प्रश्न किया कि क्या चोर यहीं है? महात्मा ने उत्तर दिया कि एक न एक दिन वह यहीं आएगा। सारी दुनिया यहीं आती है।

यह सबकी मंजिल है। उनकी भी, जिनके पास कंबल है और जिनके पास कंबल नहीं है। उनकी भी, जिनका कंबल चोरी चला गया है और उसकी भी, जिसने कंबल चुराया है। सभी शिष्य अब भली प्रकार उस बात का मर्म समझ चुके थे कि मंजिल सबकी एक होती है।

❑

ईर्ष्या अग्नि

बहुत समय पहले की बात है एक नगर में राजा बाबू नाम का एक सेठ रहता था। धर्म की ओर उसकी बहुत रुचि थी। कितने ही मंदिर उसने बनवाए। एक पाठशाला बनवाई, जिसमें विद्वान्, संन्यासी पढ़ते थे।

राजा बाबू का एक अन्य सेठ लक्ष्मीचंद से झगड़ा था, जो जमीन के संबंध में था। झगड़ा बढ़ते-बढ़ते न्यायालय में पहुँचा। अभियोग चलने लगा। कई वर्ष अभियोग चलता रहा। राजा बाबू अभियोगों को भी लड़ते थे और अपने काम भी करते थे। उनकी बनवाई हुई पाठशाला में प्रत्येक रात्रि को कथा होती थी। राजा बाबू सर्वदा उसे सुनने जाते। कथा सुनते-सुनते उनको संसार से वैराग्य उत्पन्न हो गया। तथागत से पूछकर वे आश्रम में रहने लगे। एक कमरे में पड़े रहते। खाना घर से आ जाता, वे खा लेते और जाप करते रहते। बहुत समय बीत गया। एक दिन उन्होंने बुद्ध से कहा, "यदि आपकी कृपा हो तो संन्यास ले लूँ?"

बुद्ध ने कहा, "नहीं राजा बाबू! अभी तुम संन्यास के योग्य नहीं हुए।"

राजा बाबू ने सोचा, 'मैं घर पर नहीं जाता, परंतु मेरी रोटी तो घर से आती है। अब घर से रोटी नहीं मँगाऊँगा। यहीं एक नौकर रख लूँगा। वही बना दिया करेगा।' ऐसा ही किया उन्होंने। और फिर एक दिन यह सोचकर कि अब तो घर से कोई संबंध नहीं, वे फिर बोले, "भंते! अब यदि संन्यास ले लूँ तो?"

बुद्ध ने कहा, "नहीं, अभी समय नहीं आया।"

राजा बाबू ने सोचा, 'मैं अभी नौकर से रोटी बनवाता हूँ। इसीलिए तथागत नहीं मानते। यह भी छोड़ दूँगा। भिक्षा माँगकर खाऊँगा और आराम की सब वस्तुएँ भी छोड़ दूँगा।' तब ऐसा ही किया उसने। सुबह के समय

नगर में जाता, भिक्षा माँगकर लाता और सारा दिन आत्मचिंतन में मस्त होकर बैठा रहता।

बहुत समय बीत गया। फिर प्रार्थना की बुद्ध से, "भंते, मुझे संन्यास लेने दीजिए।"

बुद्ध ने सोचकर कहा, "अभी नहीं, राजा बाबू!"

राजा बाबू आश्चर्यचकित कि अब क्या कमी रह गई? सोचकर देखा और फिर अपने आपको कहा, 'मैं सभी जगह माँगने गया हूँ, परंतु सेठ लक्ष्मीचंद के यहाँ माँगने नहीं गया। इसलिए शत्रुता की पुरानी भावना अब भी मेरे हृदय में बसी हुई है। इस भावना को छोड़ देना होगा।'

दूसरे दिन प्रातःकाल ही सेठ लक्ष्मीचंद के मकान पर पहुँच गया। जाकर अलख जगाई, "भगवान् के नाम पर भिक्षा दो।"

सेठ लक्ष्मीचंद के नौकरों ने राजा बाबू को देखा तो दौड़े-दौड़ सेठ के पास गए। हाँफते हुए बोले, "सेठजी! राजा बाबू आपके यहाँ भीख माँगने आया है।"

लक्ष्मीचंद आश्चर्य से बोला, "यह कैसे हो सकता है? तुम्हें भ्रम हुआ है। कोई और होगा।"

नौकरों ने कहा, "नहीं सेठजी! वह राजा बाबू ही है। यदि आप कहें तो खाने में विष मिलाकर दे दें। सर्वदा के लिए झगड़ा ही समाप्त हो जाएगा।"

लक्ष्मीचंद उच्च स्वर में बोले, "नहीं, मुझे देखने दो।" मकान के द्वार पर आकर उन्होंने देखा कि राजा बाबू झोली पसारे खड़े हैं।

राजा बाबू ने उन्हें देखा और झोली फैलाकर बोले, "सेठजी, भिक्षा!"

लक्ष्मीचंद दौड़कर आगे बढ़े, चिल्लाकर बोले, "राजा!" राजा बाबू को अपनी छाती से लगा लिया उन्होंने। राजा बाबू ने झुककर उनके चरणों को स्पर्श किया। लक्ष्मीचंद भी उनके पैरों में जा गिरे, बोले, "राजा बाबू, ऊपर चलो, मेरे साथ बैठकर खाना खाओ।"

राजा बाबू बोले, "नहीं सेठजी! मैं तो भिखारी बनकर आया हूँ। भीख माँगने आया हूँ। भीख डाल दो मेरी झोली में।"

उसी समय एक नौकर भागता हुआ आया, बोला, "सेठजी! आपका तार। देखिए, इस तार में क्या लिखा है?"

लक्ष्मीचंद ने खोलकर पढ़ा। तार राजा बाबू के बेटों का था कलकत्ता से आया था, "हमारे पिता राजा बाबू का कहीं पता नहीं लगा। भूमि का झगड़ा अभी समाप्त नहीं हुआ, किंतु इस जमीन को लेकर हम क्या करेंगे? इस तार द्वारा हम भूमि से अपना अधिकार वापस लेते हैं। हमारे पिताजी नहीं हैं, आप कृपा करके हमारे पिता बनिए। हमें अपने संरक्षण में ले लीजिए।"

लक्ष्मीचंद रोते हुए बोले, "नहीं, ऐसा नहीं होगा। उन्हें लिखो कि भूमि उनकी है। मुझे नहीं चाहिए। मैं पिता बनकर उनकी रक्षा करूँगा। आज से वे केवल राजा बाबू के नहीं, मेरे भी बेटे हुए।"

इसके बाद राजा बाबू भिक्षा लेकर मुड़े तो देखा, सामने बुद्ध खड़े हैं।

हाथ में गेरुआ वस्त्र लिये हुए। राजा बाबू को छाती से लगाकर बोले, "अब तू संन्यासी बनने के योग्य हुआ, राजा बाबू! अब ये कपड़े पहन।"

इस प्रकार जब तक मन के अंदर घृणा है, तब तक संन्यासी होने का क्या लाभ? संन्यासी यदि बनना है, तो मन से घृणा को निकाल दो। ईर्ष्या और वैर की भावना को दूर कर दो तो फिर देखो, आनंद और सुख मिलता है कि नहीं?

❑

जैसा आहार, वैसा विचार

भगवान् बुद्ध अपने शिष्यों को उपदेश दे रहे थे कि तभी एक शिष्य ने उठकर कहा, "भंते! क्या यह सत्य है कि जो व्यक्ति जैसा अन्न खाता है, उसका मन भी वैसा ही हो जाता है।" यह सुनकर भगवान् बुद्ध ने एक कथा सुनाई—

किसी जंगल में एक साधु रहता था। कितने ही लोग उसके दर्शन करने को आते। जो भी जाता, उसे शांति मिलती। एक दिन उस देश के राजा भी वहाँ गए। देखा, साधु एक वृक्ष के नीचे बैठे हैं। सर्दी और वर्षा से बचने का कोई प्रबंध नहीं है।

राजा ने कहा, "महात्मन्! यहाँ तो बहुत कष्ट होता होगा, आप मेरे साथ चलिए, महल में रहिए।"

साधु पहले तो माना नहीं, राजा ने बहुत आग्रह किया तो बोले, "अच्छा चलो।"

महल में गए। एक सुंदर कमरे में ठहरे। हर समय नौकर उपस्थित रहने लगे। अच्छा भोजन मिलने लगा। तीन मास व्यतीत हो गए। राजा उसकी पूजा करते। रानी उसमें श्रद्धा रखती।

एक दिन रानी नहाने के लिए स्नानागार में गई। नहाकर उठी तो वह हीरों का हार पहनना भूल गई, जो उसने उताकर स्नानागार में रख दिया था। हार वहीं पड़ा रहा। रानी के पश्चात् साधु स्नानागार में गया। हार को देखा, उठाकर अपने कोपीन में छुपा लिया। स्नानागार से निकल महल से बाहर चले गए।

कुछ देर पश्चात् रानी को हार का ध्यान आया। दासी से बोली, "स्नानागार में हार छोड़ आई हूँ, उसे ले आओ।"

परंतु वहाँ तो हार नहीं था। खोज होने लगी। पूछा गया, स्नानघर में रानी

के पश्चात् कौन गया था? पता लगा कि महात्माजी गए थे। महात्मा की खोज होने लगी। महात्मा मिले नहीं। राजा को ज्ञात हुआ तो उसने सिपाहियों को आज्ञा दी, "उस साधु के पीछे जाओ। उसे पकड़कर ले आओ।"

इधर से महात्मा शहर से बाहर निकले। जंगल में चले गए। दिनभर चलते रहे। पाँव थक गए। भूख भी सताने लगी तो जंगल का एक फल तोड़कर खा लिया, फल था एक ओषधि, उससे दस्त लग गए। इतने दस्त आए कि महात्माजी निर्बल हो गए। तभी उन्हें हार का ध्यान आया। उसे देखते ही बोले, 'मैं इसे क्यों उठा लाया? मैंने चोरी क्यों की?'

उसी समय वापस चल पड़े। आधी रात के समय राजा के महल पर पहुँचे। आवाज दी। राजा जागे। महात्मा ने उसके पास जाकर कहा, "राजन्! आपका यह हार है, ले लो। मैं यहाँ से उठाकर ले गया था। मुझसे अपराध हुआ। मैं क्षमा माँगने आया हूँ।"

राजा ने आश्चर्य से कहा, "वापस ही लाना था, तो आप इसे ले क्यों गए थे?"

साधु ने कहा, "राजन्! क्रोध न करना, तीन मास तक मैं तुम्हारा अन्न खाता रहा, उससे मेरा मन पापी हो गया। जंगल में जाकर दस्त आए। शरीर शुद्ध हो गया। तुम्हारे अन्न का प्रभाव समाप्त हो गया। तब मैंने वास्तविकता को जाना और वापस आ गया।"

इसीलिए कहते हैं कि जैसा अन्न खाओगे वैसा मन बनेगा। जो व्यक्ति गंदा और खोटा अन्न खाता है, तो उसका मन कभी अच्छा होगा ही नहीं। अन्न को जिस भावना से कमाया हो और तैयार किया गया हो, उसका प्रभाव मन पर पड़ता है।

❑

अज्ञानता का परिणाम

"ज्ञान हमेशा व्यक्ति को प्रसन्न रखता है और अज्ञानता व्यक्ति के दुखों का कारण बन जाती है। सही ज्ञान न होने के कारण उस लकड़हारे को भी बहुत दुख हुआ। लेकिन तब तक समय उसके हाथों से रेत की तरह फिसल चुका था।" बुद्ध ने शिष्यों को एक लकड़हारे की कथा सुनाते हुए कहा–

एक दिन एक राजा जंगल में आखेट के लिए गया तो मार्ग भूल गया। देर हो गई। भूख और प्यास से व्याकुल होने लगा। तभी देखा कि जंगल में एक लकड़हारा लकड़ियाँ काट रहा है। बहुत से पेड़ कट चुके हैं, थोड़े से बाकी हैं। उन्हीं में से एक पेड़ की शाखाओं को नीचे गिरा रहा है। राजा ने उसके पास जाकर कहा, "भाई! मैं बहुत भूखा हूँ। बहुत प्यास लगी है। तुम्हारे पास खाने को कुछ है क्या?"

लकड़हारे ने कहा, "है, आओ बैठो। दूर उधर एक बावड़ी है। मैं वहाँ से पानी लाता हूँ। तुम यह रोटी खाओ।" और पोटली से निकालकर एक मोटी सी रोटी उसने राजा के सामने रख दी। थोड़ा सा शाक भी था। राजा ने उसको खाया। लकड़हारे का लाया हुआ पानी पिया। शांत होकर कहा, "मैं अमुक स्थान का राजा हूँ। मार्ग भूल गया हूँ।"

लकड़हारे ने मार्ग बतला दिया। राजा ने कहा, "कष्ट के समय तुमने मेरी सहायता की। यदि तुमको कभी आवश्यकता पड़े तो मेरे पास आ जाना। मैं तुम्हारी सहायता करूँगा।"

कुछ दिन व्यतीत हो गए। धीरे–धीरे वन में सभी वृक्ष समाप्त हो गए।

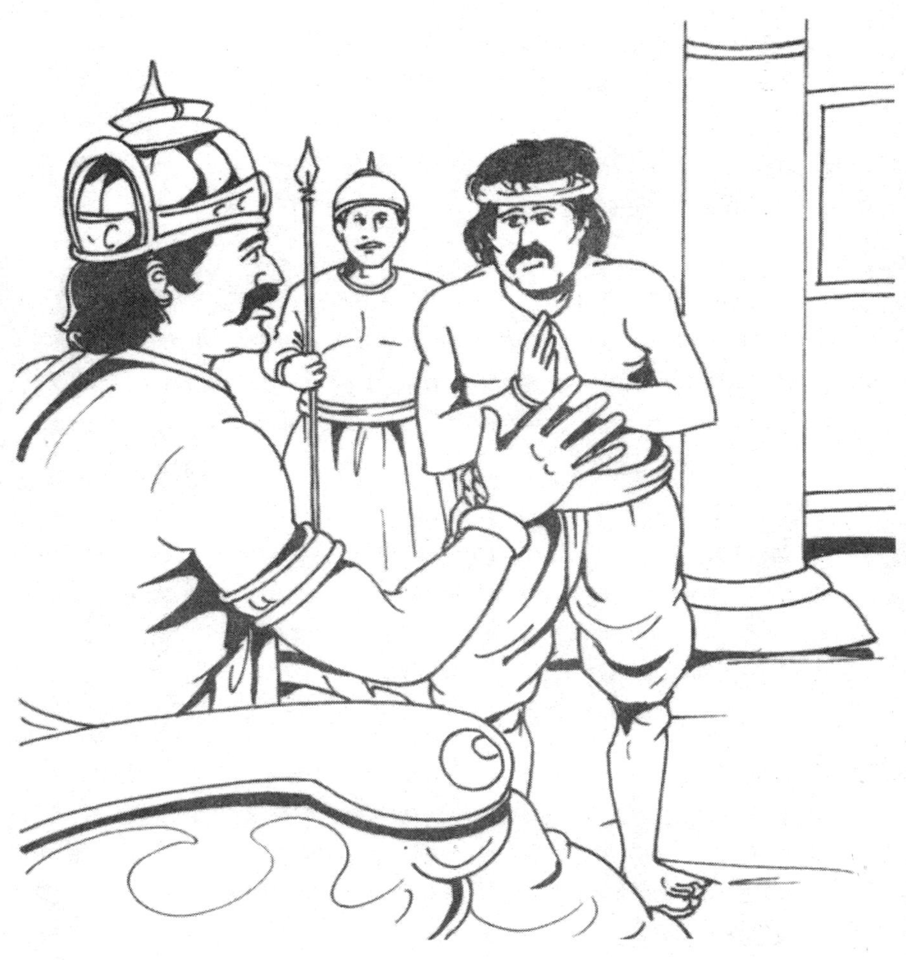

लकड़हारा लकड़ी काटकर इनके कोयले बनाकर बेचता था। अब वह अपनी जीविका चलाए तो कैसे? वह बहुत दुखी हो गया। दुखी चित्त से राजा के पास पहुँचा। सेवकों ने राजा को सूचना दी कि लकड़हारा आपसे मिलना चाहता है। राजा को स्मरण हो आया कि हाँ, उसने एक लकड़हारे को सहायता देने का वचन दिया था, एक दिन उसने मेरे प्राण बचाए थे, बोला, "उसको मेरे समीप लाओ।"

सेवक लकड़हारे को राजा के सामने ले आए।

राजा ने पूछा, "क्यों भाई लकड़हारे! क्या बात है? उदास क्यों हो?"

लकड़हारे ने उत्तर दिया, "महाराज! जिस वन में से लकड़ियाँ काटता था, वह समाप्त हो गया। अब जीविका का मेरे पास कोई साधन नहीं है। आपकी शरण में आया हूँ कि कोई वन मिले तो मैं भूखा मरने से बच जाऊँ।"

राजा ने कहा, "तुम्हारी समस्या का समाधान अवश्य ही होगा।"

उसके चले जाने के पश्चात् अपने मंत्रियों को बुलाकर परामर्श किया कि इस लकड़हारे को क्या दिया जाए? परामर्श करने के पश्चात् निर्णय हुआ कि शहर के दक्षिण में राजा का चंदन के वृक्षों का जो वन है, वह लकड़हारे को दे दिया जाए। पदाधिकारियों को बुलाया गया, चंदन के वृक्षों का वह वन लकड़हारे के नाम कर दिया और उसको सूचना दे दी गई।

कई वर्ष व्यतीत हो गए। राजा एक दिन अपने महल में बैठा था कि लकड़हारे का ध्यान आया। प्रसन्नता के साथ उन्होंने सोचा, अब तो लकड़हारा बहुत धनी हो गया होगा। कई भवन तथा महल बनवा लिए होंगे, इसलिए चलकर उसे देखना चाहिए।

राजा अपने मंत्रियों को साथ लेकर उस वन में गया, जो लकड़हारे को दिया था। किंतु वहाँ कोई वन ही न था, न चंदन का कोई वृक्ष। राजा ने घबराकर अपने मंत्रियों से पूछा, "अरे, वह वन कहाँ है, जो लकड़हारे को दिया था? किसी और स्थान पर होगा, तुम मुझे अन्य स्थान पर ले आए हो।"

मंत्रियों ने पदाधिकारियों की ओर देखा, पदाधिकारियों ने कागजों की ओर। छानबीन करके बोले, "महाराज! वह जंगल तो इसी स्थान पर था।"

राजा ने कहा, "फिर वह गया कहाँ?"

खोज करने पर कुछ दूरी पर चंदन के कुछ वृक्ष दिखाई दिए। उनके बीच में बैठा हुआ लकड़हारा भी दिखाई दिया–निराश, उदास, विचारमग्न। राजा ने उसके पास जाकर पूछा, "अरे! तू चिंता में क्यों है?"

लकड़हारे ने प्रणाम करके कहा, "अन्नदाता, आपकी कृपा से इतने वर्ष तो कट गए, अब ये कुछ पेड़ रह गए हैं। थोड़े दिनों में ये भी समाप्त हो जाएँगे। सोचता हूँ, इसके पश्चात् क्या करूँगा।"

राजा ने आश्चर्यपूर्वक कहा, "वृक्ष तो थोड़े से रह गए हैं, शेष वृक्षों का क्या किया?"

लकड़हारा बोला, "नित्य लकड़ी काटता हूँ, कोयला बनाता हूँ और बाजार में जाकर बेच देता हूँ।"

राजा ने दुख के साथ कहा, "अरे भाग्यहीन! यह तुमने क्या किया? यह चंदन की लकड़ी थी। जलाकर कोयला क्यों बना दिया?"

लकड़हारा बोला, "चंदन की लकड़ी क्या होती है?"

राजा बोला, "अच्छा होता, यदि तू जानता। अभी दो-तीन हाथ लकड़ी काट लो और इसको बाजार में ले जाओ। हाँ, कोयला न बनाना इसका।"

लकड़हारे ने वैसा ही किया।

एक दुकानदार ने देखा, लकड़ी तो असली चंदन की है और लकड़हारा है गँवार। बोला, "क्या लेगा इसका?"

लकड़हारे ने पूछा, "तुम क्या दोगे?"

दुकानदार ने कहा, "एक रुपया।"

लकड़हारा आश्चर्य में चिल्लाकर बोला, "क्या ... एक रुपया?"

उसका तात्पर्य था कि इस छोटी सी लकड़ी का एक रुपया!

दुकानदार समझ गया कि यह जानता है, बोला, "दो रुपए।"

लकड़हारा और आश्चर्य से चिल्लाकर बोला, "दो रुपए?"

दुकानदार ने घबराकर कहा, "अच्छा चार रुपए।"

लकड़हारा चिल्लाया, "अच्छा चार?"

कुछ ही दूरी पर एक दुकानदार खड़ा था। उसने देखा कि पहला दुकानदार एक मूल्यवान वस्तु को कौड़ियों के भाव खरीद रहा है। उसे पुकारकर कहा, "अरे इधर आ। मैं दस रुपए दूँगा।"

लकड़हारे ने जब दस का नाम सुना तो सिर पकड़कर बैठ गया। चिल्ला उठा, ढाढ़ें मारकर रोने लगा। अब उसे ज्ञात हुआ कि जिस लकड़ी को वह कोयला बनाकर बेचता रहा, कितनी मूल्यवान थी और कितनी बड़ी संपत्ति का उसने विनाश कर दिया।

उस लकड़हारे की मूर्खता पर आपको करुणा आती है। किंतु सुनो मेरे शिष्यो! हम स्वयं भी तो उस लकड़हारे की भाँति हैं। राजाओं के राजा उस

परमात्मा ने न जाने किस बात से प्रसन्न होकर साँसों का यह चंदन से पूर्ण वन हमें दिया था। हमने कुत्सित वासनाओं, घृणा, पाप की अग्नि से जलाकर इसे भस्मसात् कर दिया। कितने मूल्यवान हैं ये साँस, यह हमने समझा ही नहीं। साँसों का यह चंदन वृक्षों से परिपूर्ण वन, जिसे हमने काम, क्रोध, लोभ, मोह और अहंकार की आग में जलाकर कोयला बना दिया। परंतु जो होना था, सो हो गया। अब तो चंदन के जो थोड़े से वृक्ष (थोड़े से वर्ष) रह गए हैं। इस जीवन के शायद थोड़े महीने। आओ, इन्हीं का उचित उपयोग करें। यत्न करें कि तुम्हारा लोक और परलोक सुधर जाए।

❑

त्याग में आनंद

एक दिन महात्मा बुद्ध अपने प्रिय शिष्यों के साथ किसी नगरी में पहुँचे। लोग उनका सम्मान करते, उन्हें कितनी ही वस्तुएँ देते। कुछ दिन पश्चात् बुद्ध ने अपने शिष्य से कहा, "चलो, किसी दूसरे नगर में चलें।"

शिष्य ने कहा, "नहीं कुछ पैसे जमा हो जाएँ।, फिर चलेंगे।"

बुद्ध ने कहा, "पैसे जमा करके क्या करोगे? चलो मेरे साथ, पैसे जमा नहीं करने हमें।"

चल पड़े दोनों। शिष्य ने कुछ पैसे जमा कर रखे थे, उन्हें अपनी धोती में बाँध रखा था। चलते-चलते मार्ग में नदी पड़ गई। एक नौका वहाँ थी। नौकावाला पार ले जाने के लिए दो आने माँग रहा था। बुद्ध के पास पैसे नहीं थे। शिष्य देना नहीं चाहता था। दोनों बैठ गए। दोपहर हो गई, संध्या हो गई, रात हो गई। नाविक अपने घर को जाने लगा तो बोला, "बाबा! तुम यहाँ कब तक बैठे रहोगे? यह जंगल है, यहाँ रात को सिंह पानी पीने आते हैं। अन्य पशु भी आते हैं, वे तुम्हें मार डालेंगे।"

शिष्य ने कहा, "तुम हमें पार ले चलो।"

नाविक ने कहा, "मैं तो दो-दो आने लिये बिना नहीं ले जा सकता।"

शिष्य को सिंह के विचार से लगने लगा। धोती से चार आने निकालकर बोला, "अच्छा, नहीं मानते तो ये लो।"

नाविक ने चार आने लिये, उन्हें पार ले गया। पार जाकर शिष्य ने कहा, "देखा भंते! आप तो कहते थे कि पैसा इकट्ठा करने की आवश्यकता नहीं?"

बुद्ध ने हँसते हुए कहा, "सोचकर देखो बेटा! पैसा एकत्र करने से तुम्हें सुख नहीं मिला। पैसे को देने से मिला। सुख त्याग में है, एकत्र करने में नहीं।"

❑

दुख का निवारण

एक दिन तथागत अपने शिष्यों को उपदेश दे रहे थे कि तभी एक शिष्य उठकर बोला, "भंते, क्या हर दुख का निवारण किया जा सकता है?" बुद्ध बोले, "यह सत्य है कि हर दुख का निवारण है। इसी संदर्भ में तुम्हें एक कथा सुनाता हूँ–

एक सेठ का नौकर लंबे समय से उनके पास रहकर उनकी सेवा कर रहा था। वह बड़ा ईमानदार था। साफ-सफाई का पूरा ध्यान रखता था। इसीलिए सेठजी उससे बहुत प्रसन्न रहते थे।

एक दिन शाम को जब सेठजी घर आए तो देखा कि उनकी पुरानी दीवारघड़ी टूटी पड़ी है। उन्होंने नौकर को बुलाकर पूछा, "यह घड़ी कैसे टूट गई?"

नौकर ने कहा, "मालिक, मैं सफाई कर रहा था कि घड़ी हाथ से छूट गई और टूट गई। गलती मेरी है, आप मुझे क्षमा करें।"

सेठ तेज आवाज में बोले, "क्षमा माँगने से क्या होता है? घड़ी बरसों से कमरे में लगी थी, कमरे की शोभा थी और तुम्हें पता ही है, यह मुझे कितनी प्रिय थी।" डाँटने के अलावा सेठजी और कर भी क्या सकते थे, बहुत भरोसे का नौकर जो था।

रात को सेठजी को नींद आ गई। बार-बार घड़ी टूटने की बात मन में उठ जाती थी। अचानक उनकी निगाह नौकर पर गई। वह खर्राटे ले रहा था। उससे सेठ को और भी दुख हुआ। मालिक के नुकसान का उसे जरा भी खयाल नहीं था। सेठ की आकुलता और नौकर की निराकुलता ने उनकी बेचैनी और बढ़ा दी।

अगले दिन सेठ ने एक प्रयोग किया। नौकर ने दिनभर काम किया। शाम

को सेठ ने उसे बड़े प्यार से बुलाया और कहा, "देखो, कल नुकसान हो गया। इससे मेरा मन खिन्न हो गया था। इसी से मैंने तुम्हें डाँटा था, पर यह तो कल की बात थी, आज मेरा मन प्रसन्न है, तुम मेरे साथ इतने दिन से हो, इतना अच्छा काम करते हो। कल ही मेरे मन में आया था कि मुझे तुम्हारी सेवा के लिए कुछ इनाम देना चाहिए। सोचता हूँ कि क्यों न यह घड़ी ही तुम्हें दी जाए। पर क्या करें, वह तो तुम्हारे हाथ से टूट गई। यदि नहीं टूटती तो आज तुम्हारी होती।"

यह कहकर सेठ तो उस रात बड़े आनंद से सोया पर नौकर सारी रात करवटें बदलता रहा। बार-बार उसके मन में एक ही बात आती रही कि अगर घड़ी नहीं टूटती तो वह मुझे मिल जाती।

कथा सुनाकर बुद्ध बोले, "अब शायद तुम समझ ही चुके होगे कि लोभ ही दुख का सबसे बड़ा कारण होता है। इसे त्यागकर ही हर दुख से मुक्ति पाई जा सकती है।"

❑

मानवता प्रथम

"मानव सेवा ही हमारा सबसे बड़ा धर्म है।" तथागत अपने शिष्यों को मानव सेवा का मूल मंत्र समझा रहे थे इसी संदर्भ में उन्होंने शिष्यों को एक कथा सुनाई–

एक राजा वेष बदलकर रात के समय भ्रमण किया करता था कि कहीं कोई अधिकारी उनकी प्रजा को सता तो नहीं रहा है, कोई दुखी तो नहीं है या कोई बदमाश–लुटेरा इधर–उधर तो नहीं घूम रहा है।

एक रात को भ्रमण करते हुए राजा नदी के किनारे पहुँचा। सोचता कि कोई बदमाश पकड़ में आ सकता है। उसने देखा कि वहाँ एक युवक लेटा हुआ है। राजा ने पास जाकर पूछा, "तुम कौन हो?"

युवक पहले तो एक अजनबी को इतनी रात गए घोड़े पर देखकर सहम गया। फिर बोला, "मैं लक्ष्मीबाई का दामाद हूँ। अपनी घरवाली को लेने जा रहा हूँ। पर मुझे इतनी जोर का बुखार चढ़ा है कि मैं एक कदम भी नहीं चल सकता। सोचा, रात को यहाँ आराम कर लूँ तो सवेरे चलने लायक हो जाऊँगा।"

राजा ने उसके माथे पर हाथ रखा तो वास्तव में मारे बुखार से वह तप रहा था। राजा ने कहा, "जाड़े के दिन हैं। यहाँ बियाबान में अकेले रहना ठीक नहीं है। चलो, तुम्हें पहुँचाए देता हूँ।"

राजा वेष बदले हुए था, इसलिए युवक पहचान नहीं पाया। उसे उठाकर बैठाते हुए राजा बोला, "तुम बीमार हो, घोड़े पर बैठ जाओ। मैं घोड़े की लगाम पकड़कर साथ–साथ चलता हूँ।"

सहारा देकर उसने बीमार युवक को घोड़े पर बैठा दिया और लक्ष्मी के घर की ओर चल दिया।

रास्ते में युवक से पूछताछ में उसने मालूम कर लिया कि वह राजमहल में काम करने वाली जमादारिन लक्ष्मी का दामाद है। राजा उसे लेकर लक्ष्मी के घर पहुँचा। दरवाजा खटखटाकर उसने लक्ष्मी को आवाज दी। दरवाजा खोलते ही लक्ष्मीबाई ने जो दृश्य देखा, तो वह अपनी आँखों पर विश्वास नहीं कर सकी। वह राजा के पैरों में गिर पड़ी और क्षमा माँगने लगी।

राजा ने कहा, "लक्ष्मी, तुम यह क्यों भूल जाती हो कि मैं राजा बाद में हूँ और मानव पहले। मानव होने के नाते मानवता मेरा पहला धर्म है।"

❑

भगवान का वादा

"ईश्वर हर जगह, हर रूप में कहीं भी प्रकट हो सकता है। वह तो अंतर्यामी हैं।" महात्मा बुद्ध ने अपने प्रिय शिष्यों को ईश्वर की महिमा की कथा सुनाते हुए कहा—

एक वृद्धा थी। सदा भगवान् के ध्यान में लगी रहती थी। अपने हाथों का बना खाना भगवान् को खिलाने की उसकी बड़ी इच्छा थी। एक बार भगवान् ने उसके स्वप्न में आकर कहा, "मैं कल जरूर तुम्हारे हाथों का खाना खाऊँगा।" वृद्धा खुश हुई। भगवान् के लिए बढ़िया खाना बनाने की सोची। दुकान से रसोई का सामान लेकर लौटी तो घर के चबूतरे पर एक बूढ़े विपन्न दंपती दिखाई पड़े। बदन पर चीथड़े, बिखरे सूखे बाल, सर्दी में काँपते शरीर।

वृद्ध ने कहा, "माता! दो दिन से भूखे हैं। हमें थोड़ा सा खाना दे दो।" वृद्धा का मन व्याकुल हुआ। ये चीजें भगवान् के लिए हैं और फिर से खरीदने के लिए पैसा भी नहीं है। क्या किया जाए? थोड़ा हिचकिचाई, फिर उसने सोचा, 'भगवान् आएँ तो और एक बार आने को कहूँगी। आखिर भगवान् तो इनके जैसे भूखे नहीं होंगे न।' बस वृद्धा ने जल्दी खाना बनाया, उन्हें प्यार से खिलाया। अब उसके मन में शांति और अपार संतोष था। भगवान् तो नहीं आए।

रात को फिर भगवान् ने दर्शन दिए तो वृद्धा ने पूछा, "भगवन्! आपने वादा नहीं निभाया, आप नहीं आए। आपने अच्छा किया, वरना आप आते तो भी खिलाने को मेरे घर में आज कुछ नहीं था।"

भगवान् ने मुसकराकर कहा, "मैंने वादा निभाया, तुमने मुझे और मेरी देवी को प्यार से खाना खिलाया।"

इतना कहकर भगवान् अंतर्धान हो गए।

❑

सत्य की महिमा

"जब एक हत्यारा झूठ का सहारा लेकर अपने प्राणों की रक्षा कर सकता है तो जरा सोचो। सत्य में कितनी शक्ति समाई है।" आज के उपदेश का भी यही विषय होगा।" कहते हुए बुद्ध ने अपने शिष्यों को एक कथा सुनाई–

एक व्यक्ति ने किसी की हत्या कर दी तो राजा के सिपाही उसके पीछे पड़ गए। वह किसी तरह जान बचाकर भागता रहा। तभी सामने नदी आ गई। उसे पार करना जान जोखिम में डालना था। मगर सिपाहियों के हाथ पड़ने का मतलब था फाँसी या लंबी कैद। उसकी समझ में नहीं आ रहा था कि वह क्या करे? घबराकर उसने इधर-उधर देखा। नदी किनारे एक आदमी भभूत लगाकर साधु बना ध्यानमग्न बैठा था। उसने सोचा, क्यों न वह भी ध्यान में ऐसे ही बैठ जाए। उसने भी अपने तन पर राख लगा ली और आँखें बंद करके पेड़ के नीचे बैठ गया। साधु का अभिनय करते हुए वह शांत होकर बैठा तो उसे आनंद आने लगा। ऐसा आनंद तो उसने पहले कभी महसूस नहीं किया था।

राजा के सिपाही हत्यारे का पीछा करते हुए नदी किनारे पहुँचे। उन्होंने इस ध्यानमग्न साधु को बैठे देखा तो वे झुके और उसके चरणों में सिर रख दिया। इसके बाद साधु बने हत्यारे के भीतर से कपाट खुलने लगे। वह हैरान हुआ कि मैं तो केवल फरेबी साधु हूँ, मगर इन्हें क्या दिखाई पड़ गया, जो इन्होंने मेरे पैर छू लिये। झूठ इतना कारगर हो सकता है तो सत्य का क्या पता कितना कारगर हो!

सिपाही पैर छूकर चले गए, लेकिन वह हत्यारा पूरी तरह बदल गया। उसके जीवन में क्रांति आ गई, क्योंकि उसने देखा कि झूठी साधुता को इतना सम्मान मिल गया तो सच्ची साधुता को कितनी श्रद्धा मिलेगी! बरसों से बंद उसकी आँखें पल भर में खुल गईं। ❑

सच्ची लगन

एक व्यक्ति बाण चलाने की कला में अत्यंत निपुण था। उसके बनाए हुए बाणों को जो भी देखता, उसके मुँह से बरबस 'वाह' निकल पड़ती थी। एक दिन जब वह बाण बनाने में तल्लीन था। उसकी कर्मशाला के आगे से धूमधाम के साथ एक संपन्न व्यक्ति की बरात निकली। वह अपने काम में इतना तल्लीन था कि बरात की ओर उसका ध्यान ही नहीं गया। थोड़ी देर बाद कर्मशाला के सामने से भगवान् बुद्ध निकले। तब तक वह अपना काम कर चुका था।

बुद्ध ने पूछा, "बंधु, आपके यहाँ से एक धनी व्यक्ति की बरात गई थी, उसे गए कितना समय बीत गया?"

"भंते, मुझे क्षमा कीजिए। मैं बाण बनाने में जुटा था, इसलिए बरात को नहीं देख पाया।" वह बोला।

यह सुनकर बुद्ध चौंके, बोले, "भाई, जब आप यहाँ उपस्थित थे तो ढोल-तासों का, तुरही का शोर तो आपने सुना ही होगा।"

"भंते, मेरा धंधा ही मेरे लिए प्रभुपूजा, अर्चना-वंदना और सबकुछ है। मैं जब अपने काम में जुटता हूँ, फिर मुझे अपने शरीर की सुध भी नहीं रहती।" उसने कहा।

उसकी बात सुनकर बुद्ध बहुत प्रसन्न हुए और बोले, "तुम्हीं सच्चे कर्मयोगी हो, तुम्हें भविष्य में कभी भी किसी समस्या से हारना नहीं पड़ेगा।"

❑

स्नेह का मूल्य

'स्नेह ही संसार में एकमात्र ऐसा शब्द है, जो एक-दूसरे को पास लाता है।" महात्मा बुद्ध ने अपने शिष्यों के स्नेह का मूल्य समझाते हुए हथिनी के एक सुंदर व चंचल शिशु की कथा सुनाई–

एक हथिनी ने एक सुंदर शिशु को जन्म दिया। वह बड़ा होने लगा। उसे हाथियों का उपद्रव अच्छा नहीं लगता था। वह हाथियों के दल को छोड़कर एकांत में चला जाता और सोचता 'हाथी क्यों उत्पात मचाते हुए जीवों को सताते हैं?' एक दिन वह हाथी एकांत में बैठा हुआ था। सहसा उसकी दृष्टि सामने एक वृक्ष पर पड़ी। वृक्ष पर एक कृशकाय बंदर बैठा था। वह उदास लग रहा था। हाथी उससे बोला, "बंदर भाई, बड़े दुखी दिखाई दे रहे हो। बताओ, तुम क्यों दुखी हो?"

बंदर बोला, "मैं शरीर से निर्बल हूँ, मेरे साथी मुझे छोड़कर चले गए हैं। इसलिए मैं दुखी हूँ।" हाथी धीरज बँधाता हुआ बोला, "तुम चिंता मत करो। मैं जा रहा हूँ, तुम्हारे साथियों को बुला लाऊँगा। यदि वे नहीं आएँगे तो मैं तुम्हारी सेवा करूँगा।"

हाथी बंदर के साथियों की खोज में चल पड़ा। कुछ दूर जाकर उसने देखा कि एक वृक्ष पर कुछ बंदर उदल-कूद कर रहे हैं। उसने सोचा, 'ये सब ही उस बंदर के साथी हैं।' बंदर हाथी को देखते ही डरकर भागने लगे। हाथी ने प्यार से बंदरों को रोकते हुए कहा, "मुझसे डरो नहीं, तुम सब मुझे अपना प्रिय भाई समझो।" बालक हाथी के स्वर में प्यार था। बंदरों ने ऐसा अद्‌भुत हाथी कभी नहीं देखा था। वे आश्चर्य से हाथी की ओर देखने लगे। हाथी पुनः बोला, "तुम सब अपने बीमार साथी को अकेला छोड़कर क्यों चले आए हो? किसी बीमार को असहाय छोड़ देना अधर्म है।" वापस लौटकर उसने दुखी

बंदर से कहा, "मैं तुम्हारे साथियों को ढूँढ़ लाया। अब ये कभी तुम्हें छोड़कर नहीं जाएँगे।" हाथी के उपकार ने उदास बंदर का मन हर्ष से भर दिया। हाथी की विनम्र वाणी ने सभी जीवों में नए प्राण भर दिए।

जो प्यार से बोलता है, दूसरों का उपकार करता है, उसकी पूजा सभी लोग करते हैं।

❑

काल करे सो आज कर

एक दिन बुद्ध के पास एक युवक आया। उसने बुद्ध से कहा कि मैं अपने दुर्व्यसन छोड़ना चाहता हूँ। बुद्ध ने पूछा कि कौन से दुर्व्यसन हैं? युवक बोला, "मैं शराब पीता हूँ। जुआ खेलने की लत है और भी दुर्व्यसन हैं, जिन्हें कहते हुए शर्म आती है। आज से ही ये सब छोड़ दो।"

युवक बोला कि एकदम कैसे छोड़ दूँ? धीरे-धीरे ही तो छूटेगा। बुद्ध ने युवक को एक घटना सुनाई-एक समय एक संत के पास एक धनी युवक आया और उन्हें सहस्रों स्वर्ण मुद्राएँ देने लगा। संत ने नाराजगी के स्वर में कहा, 'चल मेरे साथ, और मेरे सामने ही इन्हें गंगा में फेंक दे। वे उस युवक की बाँह पकड़कर उसे गंगा तट पर ले गए। युवक ने स्वर्ण मुद्राएँ गंगा में फेंकना प्रारंभ किया। लेकिन उसने सोचा कि एक-एक गिन-गिनकर फेंकूँ। वह शाम तक फेंकता रहा। अंत में बची हुई मुद्राओं का ढेर संत ने उससे छीन लिया और एक साथ गंगा में फेंक दिया। संत ने युवक से कहा कि इन स्वर्ण मुद्राओं को एक साथ न फेंककर तुमने जिस तरह गिन-गिनकर फेंका, उससे दो बातें खुलकर सामने आ गईं। एक तो यह है कि इन स्वर्ण मुद्राओं से तुम्हें कितना अधिक लगाव था, जो तुम फेंकने से पहले इन्हें गिन लेना चाहते थे। दूसरे यह कि जिस जगह तुम मात्र एक कदम उठाकर पहुँच सकते थे, वहाँ पहुँचने के लिए तुमने बेकार में हजारों कदम बढ़ाए। बुद्ध ने नवयुवक को समझाया कि दुर्व्यसन छोड़ना है तो फिर धीरे-धीरे छोड़ने का बहाना क्या? एकदम क्यों नहीं छोड़ देते। आज से छोड़ दो। अभी से छोड़ दो। युवक ने उसी दिन दुर्व्यसन छोड़ने की कसम खा ली।

❑

अदृश्य बंधन

एक गाँव में एक व्यक्ति अपनी गाय को रस्सी से बाँधकर जंगल की ओर ले जा रहा था। तभी वहाँ से बुद्ध निकले। बुद्ध ने गाय चराने वाले को देखा तो वहाँ बड़ा मजेदार दृश्य था। चरवाहा उस गाय को जंगल की ओर ले जाने की कोशिश करता और गाय थी कि उलटी ओर भाग पड़ती। चरवाहा कभी गाय की रस्सी खींचता और कभी गाय को मारता। बुद्ध वहीं खड़े होकर देखने लगे कि गाय है, चरवाहा है, रस्सी भी है। लेकिन तीनों में तारतम्य एकदम नहीं है। बुद्ध जब यही सोच रहे थे, तभी वहाँ से उसी गाँव के बहुत से लोग निकले और वे भी गाय तथा चरवाहे के बीच की कशमकश देखने लगे। बुद्ध ने गाँव के लोगों से पूछा, “यह गाय इस चरवाहे के साथ क्यों है?” लोगों ने कहा कि इसमें पूछने की क्या बात है। साफ है कि गाय इस चरवाहे के साथ बँधी है। बुद्ध ने पूछा कि तब फिर यह गाय चरवाहे के साथ क्यों नहीं है। अगर गाय भाग जाए, जैसा कि वह कर रही है, तो फिर चरवाहा उसके पीछे भागेगा कि नहीं, जैसे कि वह भाग रहा है? उन लोगों ने कहा कि चरवाहे को तो गाय के पीछे भागना ही पड़ेगा। बुद्ध ने समझाया, “देखो! गाय के गले में जो रस्सी है, वह बहुत साफ दिखाई दे रही है। वह दृश्य रस्सी है। चरवाहे से गाय एक दृश्य बंधन से बँधी है। लेकिन चरवाहा भी एक अदृश्य बंधन से बँधा है गाय से, इसलिए वह गाय को छोड़ नहीं सकता। हम सब इसी प्रकार बँधे हैं। कोई दृश्य बंधन से तो कोई अदृश्य बंधन से। हम ऐसे बंधनों के दास हैं। मुक्ति का उद्देश्य ऐसे बंधनों से मुक्त होना है।”

❑

उपदेश का परिणाम

किसी नगर में एक बूढ़ा चोर रहता था। सोलह वर्षीय उसका एक लड़का भी था। चोर जब ज्यादा बूढ़ा हो गया तो अपने बेटे को चोरी की विद्या सिखाने लगा। कुछ ही दिनों में वह लड़का चोरी विद्या में प्रवीण हो गया। दोनों बाप-बेटा आराम से जीवन व्यतीत करने लगे। एक दिन चोर ने अपने बेटे से कहा, "देखो बेटा, साधु-संतों की बात कभी नहीं सुननी चाहिए। अगर कहीं कोई महात्मा उपदेश देता हो, तो अपने कानों में अंगुली डालकर वहाँ से भाग जाना, समझे!"

"हाँ बापू, समझ गया।"

एक दिन लड़के ने सोचा, क्यों न आज राजा के घर पर ही हाथ साफ कर दूँ। ऐसा सोचकर उधर ही चल पड़ा। थोड़ी दूर जाने के बाद उसने देखा कि रास्ते के बगल में कुछ लोग एकत्र होकर खड़े हैं। उसने आते हुए एक व्यक्ति से पूछा, "उस स्थान पर इतने लोग एकत्र क्यों हैं?"

उस आदमी ने उत्तर दिया–"वहाँ एक महात्मा बुद्ध उपदेश दे रहे हैं।" यह सुनकर उसका माथा ठनका। 'इनका उपदेश नहीं सुनूँगा।' ऐसा सोचकर अपने कानों में अंगुली डालकर वहाँ से भाग निकला। जैसे ही वह भीड़ के निकट पहुँचा कि एक पत्थर से ठोकर लगी और वह गिर गया। उस समय बुद्ध कह रहे थे, "कभी झूठ नहीं बोलना चाहिए। जिसका नमक खाएँ, उसका कभी बुरा नहीं सोचना चाहिए। ऐसा करने वाले को भगवान् सदा दुखी बनाए रखते हैं।" ये दो बातें उसके कान में पड़ीं। वह झटपट उठा और कान बंद कर राजा के महल की ओर चल दिया। वहाँ पहुँचकर जैसे ही अंदर जाना चाहा कि उसे वहाँ बैठे पहरेदार ने टोका, "अरे, कहाँ जाते हो? तुम कौन हो?"

उसे बुद्ध का उपदेश याद आया, "झूठ नहीं बोलना चाहिए।" चोर ने

सोचा, आज सच ही बोलकर देखूँ। उसने उत्तर दिया, "मैं चोर हूँ, चोरी करने जा रहा हूँ।"

"अच्छा जाओ।" उसने सोचा, राजमहल का नौकर होगा। मजाक कर रहा है। चोर सच बोलकर राजमहल में प्रवेश कर गया। एक कमरे में घुसा। वहाँ ढेर सारा पैसा तथा जेवर देख उसका मन खुशी से भर गया। एक थैले में सब धन भर लिया और दूसरे कमरे में घुसा, वहाँ रसोई घर था। अनेक प्रकार के भोजन वहाँ रखे थे। वह खाना खाने लगा। खाना खाने के बाद वह थैला उठाकर चलने लगा कि तभी फिर बुद्ध का उपदेश याद आया, 'जिसका नमक खाओ, उसका बुरा मत सोचो।' उसने अपने मन में कहा, 'खाना खाया उसमें नमक भी था। इसका बुरा नहीं सोचना चाहिए।' इतना सोचकर थैला वहीं रख वह वापस चल पड़ा।

पहरेदार ने फिर पूछा, "क्या हुआ, चोरी क्यों नहीं की?"

"देखिए जिसका नमक खाया है, उसका बुरा नहीं सोचना चाहिए। मैंने राजा का नमक खाया है, इसलिए चोरी का माल नहीं लाया। वहीं रसोईघर में छोड़ आया।" इतना कहकर वह वहाँ से चल पड़ा।

उधर रसोईए ने शोर मचाया, "पकड़ो, पकड़ो! चोर भागा जा रहा है।" पहरेदार ने चोर को पकड़कर दरबार में उपस्थित किया।

राजा के पूछने पर उसने बताया कि एक महात्मा के द्वारा दिए गए उपदेश के मुताबिक मैंने पहरेदार के पूछने पर अपने को चोर बताया, क्योंकि मैं चोरी करने आया था। आपका धन चुराया, लेकिन आपका खाना भी खाया, जिसमें नमक मिला था। इसीलिए आपके प्रति बुरा व्यवहार नहीं किया और धन छोड़कर भागा। उसके उत्तर पर राजा बहुत खुश हुआ और उसे अपने दरबार में नौकरी दे दी।

वह दो-चार दिन घर नहीं गया तो उसके पिता को चिंता हुई कि बेटा पकड़ लिया गया, लेकिन चार दिन के बाद लड़का आया तो बूढ़ा अचंभित रह गया अपने बेटे को अच्छे वस्त्रों में देखकर।

लड़का बोला, "पिताजी, आप तो कहते थे कि किसी साधु-संत की बात मत सुनो। लेकिन मैंने एक महात्मा की बात सुनी और उसी के मुताबिक काम किया तो देखिए, सच्चाई का फल, मुझे राज दरबार में अच्छी नौकरी मिल गई।"

❑

लालच का फल

"कभी-कभी अधिक लालच व्यक्ति के सोचने-समझने की शक्ति को क्षीण कर देता है। ऐसा ही कुछ हुआ उस मछुआरे की लालची पत्नी के साथ।" लालच से भरी कथा सुनाते हुए भगवान् बुद्ध ने अपने शिष्यों से कहा–

एक समय की बात है। सागर के मध्य में एक द्वीप पर एक टूटी-फूटी झोंपड़ी थी, जिसमें एक मछुआरा अपनी पत्नी के साथ रहता था। मछुआरा नित्य जाल लेकर सागर तट पर जाता और मछलियाँ पकड़कर लाता। वह जो भी मछलियाँ पकड़ता, सिर्फ निर्वाह के लिए ही होती थीं।

मछुआरा बड़ा ईमानदार और मेहनती था। एक दिन उसने अपना जाल डाला और जब उसे खींचा तो उसे कुछ भारी सा महसूस हुआ। वह मुश्किल से जाल को खींच पा रहा था। पर जाल को बाहर निकालने पर उसने देखा कि उसमें सिर्फ एक छोटी सी सुनहरे रंग की मछली थी। लेकिन वह कोई साधारण मछली नहीं थी। वह मनुष्य की आवाज में बोली, "हे मानव! मुझे मत पकड़ो। मुझे नीले सागर की गहराइयों में ही रहने दो। मैं तुम्हारा उपकार कभी नहीं भूलूँगी। तुम्हारी यदि कोई इच्छा हो तो बताओ, मैं उसे पूरा करूँगी।"

यह सुनकर मछुआरा सोच में पड़ गया। उसने कहा, "मुझे तुमसे कुछ नहीं चाहिए। जाओ, निर्भय होकर नीले सागर में ही विचरण करो।" यह कहकर उसने मछली को वापस सागर के जल में ही छोड़ दिया। जब वह घर लौटा तो उसकी पत्नी ने पूछा, "आज कितनी मछलियाँ पकड़ीं?"

"कुछ नहीं। आज तो सिर्फ एक छोटी सी सुनहरी मछली जाल में फँसी थी, जिसे मैंने वापस सागर में ही छोड़ दिया। वह मनुष्य की आवाज में बोल रही थी, मुझे छोड़ दो, बदले में कोई इच्छा हो तो बताओ। मैं उसे पूरा करूँगी।

मैंने उससे बदले में कुछ भी नहीं माँगा और उसे छोड़ दिया।" मछुआरे ने कहा।

यह सुनकर उसकी पत्नी क्रोधित होकर बोली, "अरे मूर्ख, भाग्य खुलने का एक अच्छा अवसर आया था, तुमने उसे व्यर्थ ही जाने दिया। कम-कम खाने के लिए रोटी तो माँग ही ली होती उससे।" सारा दिन सुबह से रात तक वह उसे बुरा-भला कहती रही।

आखिर मजबूर होकर मछुआरा सागर तट पर सुनहरी मछली से रोटी माँगने के लिए गया। सागर के किनारे खड़े होकर उसने जोर से आवाज लगाई, "मछली, ओ सुनहरी मछली! जरा मेरे पास आओ।" उसकी आवाज सुनकर सुनहरी मछली किनारे पर आई, उसने मछुआरे से पूछा, "बोलो, क्या चाहिए तुम्हें?" मछुआरे ने कहा, "मेरी पत्नी मुझ पर बहुत नाराज हो रही है। उसने मुझे तुम्हारे पास रोटी माँगने के लिए भेजा है।" मछुआरे ने कहा।

मछली के आश्वासन पर मछुआरे ने घर पहुँचकर देखा कि सचमुच वहाँ पर रोटियों का ढेर लगा हुआ था। पत्नी ने कहा, "घर में रोटियों की कमी नहीं है। पर कपड़े धोने वाले टब में छेद हो गया है। जाओ, सुनहरी मछली से कपड़े धोने वाला नया टब भी माँग लाओ।"

मछुआरा पुनः सागर तट पर गया। उसने आवाज लगाई, "मछली, ओ सुनहरी मछली! मेरे पास आओ।"

आवाज सुनकर सुनहरी मछली किनारे पर आई और मछुआरे से पूछा, "अब क्या चाहिए तुम्हें?"

"मेरी पत्नी को कपड़े धोने का एक टब चाहिए।" मछुआरे ने कहा। मछली ने उसकी यह माँग भी पूरी कर दी।

इसके बाद मछुआरे ने अपनी पत्नी के कहने पर अपनी झोंपड़ी की जगह नया घर माँगा। लेकिन उसकी पत्नी इतने पर भी संतुष्ट नहीं हुई। उसने खुद को एक सुंदर स्त्री बनाने की माँग रख दी। नया घर मिल जाने के बाद उसकी पत्नी पहले से भी अधिक गुस्से में थी। उसने मछुआरे से कहा, "अरे मूर्ख! तुम्हें कोई भी अच्छी बात क्यों नहीं सूझती? तुमने नया घर माँग कर सोच लिया कि बस इतना ही काफी है। तुम उस सुनहरी मछली के पास जाओ और उससे कहो, मैं एक सुंदर स्त्री बनना चाहती हूँ।" मछुआरा अपनी पत्नी के कोप से डरता था। इसलिए वह फिर से समुद्र के किनारे पहुँचा और मछली को बुलाकर अपनी माँग बताई।

मछुआरे की माँग पर मछली ने कहा, "जाओ, दुखी मत हो, जैसी तुम्हारी पत्नी की इच्छा है, वैसा ही होगा।"

मछुआरा घर पहुँचा तो उसने देखा, इस बार उसके पुराने घर के स्थान पर एक तीन मंजिला भव्य मकान था, जिसमें कई नौकर-चाकर काम में लगे थे और उसकी पत्नी एक ऊँची कुरसी पर सज-धजकर विराजमान थी। उसने अपनी पत्नी से कहा, "कैसी हो मेरी सुंदर पत्नी।"

पत्नी यह सुनकर गुस्से में आग-बबूला होकर चीख पड़ी, "अरे बेशरम! मेरी जैसी सुंदर स्त्री को अपनी पत्नी कहने की तुम्हारी हिम्मत कैसे हुई? नौकरो! इधर आओ, इस व्यक्ति को पकड़कर चालीस चाबुक लगाओ, जिससे इसके होश ठिकाने आ जाएँ।"

आदेश पाकर नौकर दौड़ते हुए आए और उसकी गरदन पकड़कर खींचते हुए अस्तबल में ले गए, वहाँ उसे चाबुक से इतना मारा कि वह बड़ी मुश्किल से खड़ा हो सका। इसके बाद उसकी पत्नी ने कहा, "अब से तुम इस घर के नौकर हो।" यह कहकर उसने एक झाड़ू थमाकर पूरे घर की सफाई का कार्य सौंप दिया। बेचारे मछुआरे का जीवन नर्क हो गया।

मछुआरा सारा दिन सफाई में ही लगा रहता। गलती होने पर उसकी पीठ पर चाबुक लगाए जाते।

वह सोचता, 'कैसी स्त्री है यह। अच्छे दिन आने पर अब मुझे अपना पति भी नहीं समझती।'

कुछ दिन बाद उसने पुनः मछुआरे को बुलाया और कहा, "जाओ, उस सुनहरी मछली को फिर से कहो कि मैं अब रानी बनना चाहती हूँ।" मछुआरे की माँग पर सुनहरी मछली ने उसकी पत्नी को रानी बना दिया।

मछुआरा अब घर वापस आया तो उसने देखा कि उसके पहले वाले घर के स्थान पर सोने का भव्य महल था। सैनिक महल के चारों तरफ निगरानी कर रहे थे, उसकी पत्नी रानी की तरह रत्नजड़ित पोशाक में महल से बाहर मनोरम दृश्य को निहार रही थी।

धीरे-धीरे उसे रानी की जिंदगी में भी ऊब महसूस करने लगी। उसने सैनिकों को आदेश दिया, "जाओ, मेरे मछुआरे पति को मेरे सामने हाजिर करो।" सैनिकों ने अविलंब मछुआरे को उसके सामने हाजिर किया। उसने कहा, "सुनो, अभी जाओ और सुनहरी मछली से कहो कि अब मैं पूरे सागर

की मालकिन बनना चाहती हूँ, जिससे उसमें रहने वाली सभी मछलियाँ मेरा आदेश मानें।"

मछुआरे ने उसकी बात मानने से इनकार कर दिया। पर स्त्री की धमकी के आगे उसका इनकार व्यर्थ ही रहा। अतः विवश होकर वह पुनः तट पर गया और सुनहरी मछली को आवाज देने लगा। इस बार सुनहरी मछली नहीं आई। उसने फिर आवाज लगाई। वह बहुत देर तक पुकारता रहा, तब कहीं सुनहरी मछली उसके पास आई। उसने आते ही पूछा, "बोलो, क्या चाहिए तुम्हें?"

तब मछुआरे ने दुखी स्वर में कहा, "मेरी पत्नी का लालच धीरे-धीरे बढ़ता ही जा रहा है। अब वह सागर की मालकिन बनकर मछलियों पर राज करना चाहती है।" सुनकर सुनहरी मछली ने इस बार मछुआरे को कुछ भी नहीं कहा। वह पीछे मुड़ी और सागर में जाकर विलुप्त हो गई। मछुआरा वापस पत्नी के पास गया। उसने देखा कि महल के स्थान पर अब पहले की ही तरह एक टूटी-फूटी झोंपड़ी है। नौकर-चाकर, सैनिक व बाग-बगीचे सभी गायब हो गए हैं। झोंपड़ी के अंदर उसकी पत्नी फटे-पुराने कपड़ों में दुखी होकर बैठी है। उसे अपने किए पर बड़ा पछतावा हो रहा है।

मछुआरा व उसकी पत्नी, दोनों पहले की ही तरह जीवन-यापन करने लगे। मछुआरा रोज जाल लेकर सागर तट पर मछलियाँ पकड़ने जाता, पर उसके जाल में सुनहरी मछली फिर कभी नहीं फँसी।

❑

जब आवे संतोष धन

प्रतिदिन की भाँति भगवान् बुद्ध सभी शिष्यों को आत्म-संतोष का बोध करा रहे थे। आत्म-संतोष ही सबसे बड़ा धन है। इसी ज्ञान का बोध कराते हुए भगवान् बुद्ध ने शिष्यों को एक कथा सुनाई–

एक गाँव में एक गरीब व्यक्ति रहता था। वह बहुत मेहनत करता, किंतु वह धन नहीं कमा पाता था। इस प्रकार उसके दिन बड़ी मुश्किल से बीत रहे थे। कई बार तो ऐसा हो जाता कि उसे कई-कई दिनों तक सिर्फ एक वक्त का खाना खाकर ही गुजारा करना पड़ता था। इस मुसीबत से छुटकारा पाने का कोई उपाय उसे न सूझता। एक दिन उसे महात्मा बुद्ध मिल गए। उसने महात्मा बुद्ध की खूब सेवा की। बुद्ध उसकी सेवा से प्रसन्न हो गए और उसे देवी की आराधना का एक मंत्र दिया। मंत्र से कैसे देवी का स्मरण किया जाए, उसकी पूरी विधि भी बुद्ध ने उसे बता दी। वह व्यक्ति उस मंत्र से भगवान् का स्मरण करने लगा। कुछ दिन मंत्राराधना करने पर देवी उसके सामने प्रकट हुई। देवी ने उससे कहा, "मैं तुम्हारी आराधना से प्रसन्न हूँ। बोलो, क्या चाहते हो? निर्भय होकर माँगो।"

देवी को इस प्रकार सामने देख वह व्यक्ति एकाएक घबरा गया। क्या माँगा जाए, यह वह तुरंत तय ही न कर सका, इसलिए हड़बड़ाहट में बोला, "देवीजी, इस समय तो नहीं, हाँ मैं कल आपसे माँग लूँगा।" देवी कल प्रातः आने के लिए कहकर अंतर्धान हो गई।

घर जाकर वह व्यक्ति सोच में पड़ गया कि देवी से क्या माँगा जाए! वर भी कैसा माँगा जाए, वह उस पर विचार करने लगा। ये जमींदार लोग गाँव के सब लोगों पर रोब गाँठते हैं, इसलिए देवी से वर माँगकर मैं जमींदार हो जाऊँ, तो अच्छा रहे। यह विचार कर उसने जमींदारी माँगने का निर्णय कर लिया।

इस विचार के आने के बाद वह सोचने लगा कि जब लगान भरने का समय आता है, तब ये जमींदार भी तो तहसीलदार साहब की आरजू-मिन्नतें करते हैं। इस प्रकार इन जमींदारों से बड़ा तो तहसीलदार ही है, इसलिए जब बनना ही है तो बड़ा तहसीलदार क्यों न बन जाऊँ? इस प्रकार विचार कर वह तहसीलदार बनने की इच्छा करने लगा। अब वह अपने इस निर्णय से खुश था। लेकिन उसके मन में विचार समाप्त नहीं हुए और कुछ देर बाद उसे जिलाधीश का ध्यान हो आया। वह जानता था कि जिलाधीश साहब के सामने तहसीलदार भी कुछ नहीं है। तहसीलदार तो भीगी बिल्ली सा बना रहता है जिलाधीश के सामने। इस तरह उसे अब तहसीलदार का पद भी फीका लगने लगा। अतः इच्छाएँ बढ़ती चली गईं। वह सोचने-विचारने में ही इतना फँस गया कि कुछ तय नहीं कर पाया कि क्या माँगा जाए। इस तरह दिन तो बीता ही, रात भी बीत गई।

सवेरा हुआ। वह अभी भी कुछ निर्णय नहीं कर पाया था। ज्यों ही सूरज की पहली किरण पृथ्वी पर पड़ी, त्यों ही देवी उसके सामने प्रकट हो गई। देवी बोली, "बोलो, अब क्या चाहते हो? अब तो तुमने सोच-विचारकर निश्चय कर लिया होगा कि क्या माँगना है?"

उसने हाथ जोड़कर उत्तर दिया, "देवी, मुझे कुछ नहीं चाहिए। मुझे तो सिर्फ आत्म-संतोष का गुण दीजिए। यही मेरे लिए पर्याप्त है।" देवी ने पूछा, "क्यों भई, तुमने धन-दौलत क्यों नहीं माँगी?"

यह विनम्रता से बोला, "देवी, मेरे पास दौलत नहीं आई। बस आने की आशा मात्र हुई तो मुझे उसकी चिंता से रात भर नींद नहीं आई। यदि वास्तव में मुझे दौलत मिल जाएगी, तो फिर नींद तो एकदम विदा ही हो जाएगी। इसलिए मैं जैसा हूँ, वैसा ही रहना चाहता हूँ। आत्म-संतोष का गुण ही सबसे बड़ी दौलत होती है। आप मुझे यही दे दीजिए।"

देवी ने उसे आशीर्वाद दे दिया और अंतर्धान हो गई। वह व्यक्ति पहले की तरह प्रसन्नता से अपना जीवन बिताने लगा।

❑

बदनामी और नेकनामी

अपने शिष्यों को नेकनामी का उपदेश देते हुए भगवान् बुद्ध बोले–हे शिष्यो, बुरे काम छोड़ देने पर भी उसकी बदनामी मिटाई नहीं जा सकती, इसलिए हमें कभी भी बुरे काम नहीं करने चाहिए। मनुष्य द्वारा किए गए छोटे से छोटे बुरे काम की बदनामी उसका पीछा नहीं छोड़ती, जैसे ऋषि वाल्मीकि का प्रारंभिक जीवन उनके परिचय में हमेशा उल्लिखित किया जाता है और इसी से जुड़ी एक कथा तुम्हें और सुनाता हूँ–

एक छोटे से कस्बे में पंडित रामानंद शास्त्री रहा करते थे। वे बहुत सदाचारी थे और हर किसी की मदद को हमेशा तैयार रहते थे। आस-पास के कई गाँवों तक उनकी ख्याति थी। उनका एक पुत्र था रामसेवक। रामसेवक इकलौता होने के कारण बड़ा ही चंचल और नटखट था।

पंडितजी की हार्दिक अभिलाषा थी कि उनका बेटा विद्या प्राप्त करके उन्हीं की तरह सदाचारी बने और पूजा-पंडिताई का काम करे। लेकिन पिता की इच्छा के विपरीत लाड़ला रामसेवक हमेशा शरारतें किया करता था। पंडित रामानंद शास्त्री उसे समझाने का प्रयास करते रहते थे, लेकिन रामसेवक को बुरे कामों में मजा आता था। अंत में निराश होकर पंडितजी ने रामसेवक को समझाना बंद कर दिया। जब कभी कोई उनके पुत्र की शिकायत लेकर आता तो पंडितजी अपने घर के मुख्य द्वार पर एक कील गाढ़ देते। कुछ ही दिनों में दरवाजा कीलों से भर गया।

एक दिन एक अंधा मुसाफिर रोता हुआ पंडितजी के पास आया, पूछने पर उसने बताया कि उनके बेटे रामसेवक ने उसकी लाठी खींच ली और उसकी पोटली कुएँ में फेंक दी। यह सुनकर पंडितजी को बड़ा दुख हुआ। उन्होंने दरवाजे की ओर देखा, उसमें केवल एक आखिरी कील के लिए जगह

बची थी।

पंडितजी ने अंधे मुसाफिर से माफी माँगकर उसे रवाना किया और कील-हथौड़ा लेकर दरवाजे पर जैसे ही कील ठोकनी शुरू कर दी, उसी समय रामसेवक वहाँ आ पहुँचा। उसने पिता से पूछा, "पिताजी, आप यह क्या कर रहे हैं?"

पंडितजी उदास मन से बोल उठे, "बेटा, मैं तेरे किए गए दुष्कर्मों की गिनती कर रहा हूँ।"

रामसेवक आश्चर्य से दरवाजे पर लगी कीलों को देखने लगा और फिर पूछ बैठा, "क्या दरवाजे पर लगी सभी कीलें मेरे कारण लगी हैं?"

इस पर दुखी पंडितजी बोल उठे, "हाँ, मेरे नालायक बेटे! ये सब कीलें तुम्हारे किए गए दुष्कर्मों की सूचक हैं।"

पंडितजी ने रामसेवक को समझाया, "देखो बेटा! बुरे कर्मों को छोड़कर परोपकार और सत्कर्म करो, ज्ञान-विद्या प्राप्त करो, अब भी अवसर है, नहीं तो शेष जीवन पश्चात्ताप में बीत जाएगा।"

यह सुनकर रामसेवक उदास हो गया। उसे अपनी गलती का अहसास हुआ। उसने मन-ही-मन प्रण किया कि अब वह अच्छे काम करेगा और अपने पिता द्वारा बताए गए मार्ग पर चलेगा।

एकाएक उसके व्यवहार में बदलाव आ गया। उसने लोगों को सताना बंद कर दिया। वह सबकी सहायता करने लगा। उसके इस बदले व्यवहार से पंडितजी खुश रहने लगे। उन्होंने रामसेवक के प्रत्येक अच्छे काम पर दरवाजे पर लगी एक कील निकालनी शुरू कर दी। धीरे-धीरे सारी कीलें निकल गईं। एक दिन पंडितजी आँगन में बैठकर धूप सेंक रहे थे कि तभी उन्हें किसी ने बताया कि अभी-अभी रामसेवक ने एक निर्धन बुढ़िया महिला की सहायता की है। इस सूचना पर प्रसन्न होकर पंडितजी ने जैसे ही अंतिम कील निकाली, उसी वक्त रामसेवक वहाँ आ पहुँचा। रामसेवक कभी अपने पिता को देखता तो कभी दरवाजे को! उसने कहा, "पिताजी कील तो सारी निकल गईं, पर उनके निशान दरवाजे पर सदा के लिए रह गए।"

❑

आम्रपाली और बुद्ध

गौतम बुद्ध एक बार भ्रमण करते हुए वैशाली पहुँचे। वैशाली लिच्छवियों का गणराज्य था। वहाँ एक प्रसिद्ध नृत्यांगना आम्रपाली रहती थी। वह बहुत सुंदर थी। उसकी नृत्यकला देखने के लिए राजपुरुष और धनिक वर्ग के लोग वहाँ आते थे।

आम्रपाली को वैशाली में भगवान् बुद्ध के आने का समाचार मिला तो वह उनके दर्शन करने और उन्हें अपने यहाँ भोजन करने के लिए निमंत्रित करने पहुँची। भगवान् बुद्ध के सौम्य, सुंदर और तेजस्वी मुख मंडल को देखकर वह अभिभूत हो गई। उसे अपने सौंदर्य का अभिमान टूटता दिखाई दिया। वह तथागत के चरणों में गिर पड़ी और अपना परिचय एक तुच्छ गणिका के रूप में देकर उन्हें भोजन के लिए आमंत्रित किया।

तथागत ने उसका निमंत्रण स्वीकार कर लिया। जब वहाँ के राजपुरुषों को इस बात का पता चला तो उन्होंने तथागत से उसकी निम्न श्रेणी की बहुत बुराई की। तब तथागत ने उनसे कहा, "भद्रगण! मेरी दृष्टि में संसार के सभी व्यक्ति समान हैं। उनमें भेद करना महापाप है। यह भेदभाव ही जीवन में अशांति लाता है।"

राजपुरुष निराश होकर लौट गए। तथागत ने अपने शिष्यों के साथ जाकर आम्रपाली का आतिथ्य स्वीकार किया। आम्रपाली ने अपनी सारी संपदा बौद्ध संघ को दे दी और स्वयं तथागत से बौद्ध भिक्षु की दीक्षा लेकर भिक्षुणी बन गई।

❑

बौद्ध धर्म की दीक्षा

तथागत बुद्धत्व की प्राप्ति के पश्चात् पहली बार अपने गृह राज्य कपिलवस्तु में पधार रहे थे। उनके आने का समाचार पाकर नगर में चारों ओर हर्ष की लहर दौड़ गई। नगर में प्रवेश करते ही सर्वत्र उनकी जय-जयकार सुनाई पड़ने लगी।

महाराज शुद्धोधन को जैसे ही गौतम बुद्ध के आने का समाचार मिला और पता चला कि उनका पुत्र भिक्षु होकर अपने ही राज्य में भिक्षा पात्र हाथ में लिये भ्रमण कर रहा है, तो उनका हृदय हा-हाहाकार कर उठा। वे व्याकुल हो उठे। वे स्वयं गौतम के सम्मुख पहुँचे और बोले, "पुत्र! हम प्रतापी क्षत्रिय वंशज हैं। हमारे वंश में किसी ने भी इस प्रकार भिक्षा नहीं माँगी। तुम मेरे साथ राजभवन चलो।"

तथागत बोले, "महाराज! आप क्षत्रिय वंशी योद्धा हैं। आपका जन्म उसी वंश में हुआ है। परंतु मेरा जन्म बुद्ध वंश में हुआ है। यही मेरी वंश परंपरा है।"

"फिर भी पिता होने के कारण मेरा कुछ तो तुम पर अधिकार है, पुत्र। क्या मेरी इतनी इच्छा भी पूरी नहीं करोगे कि तुम अपने शिष्यों सहित राजभवन में चलकर भोजन करो?" शुद्धोधन ने अश्रु बहाते हुए कहा।

राजा के आग्रह पर तथागत सभी भिक्षुओं के साथ राजमहल में पधारे। सभी को प्रेम से भोजन कराने के उपरांत राजा ने तथागत से पूछा, "पुत्र! तुमने तो संन्यास ले लिया, परंतु हमारे बुढ़ापे का सहारा अब कौन बनेगा? क्या अपनी पत्नी, पुत्र और माता-पिता के प्रति तुम्हारा कोई कर्तव्य नहीं है? क्या यह अकर्मण्यता और जीवन से पलायन नहीं है?"

तथागत ने उत्तर दिया, "महाराज! न तो यह जीवन से पलायन है ओर न

ही अकर्मण्यता। मैंने तो प्रारंभ में ही करुणा और प्रेम का मार्ग अपनाया है। अपने शिष्यों को भी मैं यही उपदेश देता हूँ। जो केवल अपने सुखों तक सीमित रहते हैं, वे स्वार्थी हैं। समस्त जीवों से प्रेम करना जीवन की उत्तम सार्थकता है। उनके लिए जीवन का उत्सर्ग, न तो अकर्मण्यता है और न ही जीवन की उत्तम सार्थकता है। न तो अकर्मण्यता है और न ही जीवन में पलायन। सभी से प्रेम करना जीवन का सर्वाधिक उच्च कर्म है।"

तथागत का उपदेश सुनकर महाराज शुद्धोधन समझ गए कि उनके सम्मुख बैठा व्यक्ति अब कोई साधारण युवराज नहीं है। वह बुद्ध है और समस्त संसार ही अब उसका घर है।

तभी सहसा तथागत उठे और बोले, "महाराज! मैं देवी यशोधरा से मिलने उनके कक्ष में जाना चाहता हूँ।" ऐसा कहकर वे चल दिए।

यशोधरा को पता था कि उसके पति राजमहल में पधारे हैं। परंतु वह उनसे मिलने नहीं गई थी। वह मान किए बैठी थी। तभी राहुल ने माँ से पूछा,

"माँ! पिताजी राजभवन में आए हैं। फिर भी तुम उनसे मिलने क्यों नहीं गईं?"

यशोधरा ने उत्तर दिया, "बेटा! तेरे पिता घर-बार छोड़कर समस्त मानव जाति को सुख-शांति का मार्ग दिखाने गए हैं। उनके मन में मेरे लिए जरा भी स्थान होगा तो वे स्वयं यहाँ आएँगे।"

उसी समय तथागत ने यशोधरा के कक्ष में प्रवेश किया। यशोधरा और राहुल ने आगे बढ़कर तथागत के चरणों में शीश नवाया। यशोधरा ने अपने आँसुओं से तथागत के चरण पखार दिए। बरसों का थमा बादल मानो फट पड़ा था।

तथागत बोले, "उठो यशोधरा! मन को शांत करो। तुम्हारा त्याग महान् है। तुम्हारे इस त्याग के कारण ही मैं शाश्वत सत्य को पाने में सफल हुआ हूँ। इस त्याग के कारण ही तुम महान् हो। उठो, मुझे भिक्षा नहीं दोगी?" यशोधरा उठी और राहुल का हाथ पकड़कर बोली, "प्रभु! आप भिक्षुक बनकर मेरे द्वार पर आए हैं। मेरे पास देने के लिए आपका यह पुत्र राहुल है। इसे स्वीकार कीजिए।"

तथागत बोले, "मैं कृतज्ञ हुआ यशोधरे! तुम्हारी यह भिक्षा मुझे स्वीकार है।" कहकर वे मुड़े और राहुल को साथ लेकर बाहर की ओर चल दिए।

राजमहल से निकलकर एक बड़े जनसमूह को संबोधित करते हुए बुद्ध ने कहा, "भिक्षुओ! मनुष्य के लिए धर्म और संघ के अतिरिक्त कोई अन्य उत्तराधिकार नहीं है, वही उत्तराधिकार मैंने अपने पुत्र राहुल को दिया है, और वही मैं तुम सभी को देता हूँ।"

वहाँ उपस्थित सभी लोगों ने बौद्ध धर्म स्वीकार किया। भगवान् बुद्ध ने उन्हें उपदेश दिया। सभी ने गौतम बुद्ध की जय-जयकार की।

बुद्ध ने देखा कि राजभवन से निकलकर प्रायः उसके सभी बंधु-बांधव संघ की शरण में आ गए हैं, परंतु बचपन से ही उनसे ईर्ष्या रखने वाला उनका चचेरा भाई देवदत्त वहाँ नहीं आया। वह आज भी उनसे द्वेषभाव रखता है। बुलाने पर ही वह आया और बौद्ध भिक्षु बन गया। उसके मन में जो मंथन चल रहा था, भगवान् बुद्ध उसे अच्छी प्रकार से जानते थे। फिर भी उन्होंने उसे संघ में सम्मिलित कर लिया।

❑

देवदत्त का षड्यंत्र

देवदत्त यद्यपि बौद्ध धर्म अपनाकर संघ में सम्मिलित हो गया था, परंतु उसके हृदय में बुद्ध के प्रति ईर्ष्या समाप्त नहीं हुई थी।

दूसरी ओर सम्राट् बिंबसार की छोटी रानी छलना और उसके पुत्र अजातशत्रु को सम्राट् बिंबसार का बौद्ध धर्म तथा तथागत के प्रति स्नेहभाव बिल्कुल पसंद नहीं था। देवदत्त की सहायता से अजातशत्रु ने सम्राट् बिंबसार को बंदी बनाकर बंदीगृह में डाल दिया और स्वयं मगध का सम्राट् बन बैठा। बंदीगृह में ही सम्राट् का देहावसान हो गया। उनके दिवंगत होते ही वह निरंकुश हो गया। उसने देवदत्त की सलाह पर राज्य में घोषणा करवा दी कि मगध के नागरिक महात्मा बुद्ध के प्रवचन सुनने न जाएँ। जो वहाँ जाएगा, उसे कड़ा दंड दिया जाएगा।

उन दिनों तथागत गौतम गृध्रकूट की पहाड़ी पर निवास कर रहे थे। उनके पास सूचना पहुँची कि उसने बौद्ध विहारों तक में ताले डलवा दिए हैं। तथागत गौतम को लगा कि अजातशत्रु को सही मार्ग पर नहीं लाया गया तो वह संघ का भारी अहित करेगा। वे अपने प्रिय शिष्य आनंद को साथ लेकर मगध की ओर चल दिए।

तथागत बुद्ध मगध पहुँचे तो किसी ने उनका स्वागत नहीं किया। वे सीधे राजभवन पहुँचे और सम्राट् अजातशत्रु से मिले, "राजपुत्र! अपने पिता को बंदी बनाकर तुमने जघन्य पाप किया है। अब तुम इस भ्रम में हो कि इस साम्राज्य की समस्त भूमि तुम्हारी है। तुम तो स्वयं अपने स्वामी नहीं हो, फिर इस विशाल देश के स्वामी भी कैसे हो सकते हो?"

महात्मा बुद्ध के वचन सुनकर अजातशत्रु क्रोध में भर गया और बोला, "तुम मुझे क्या शिक्षा देते हो। तुम्हारे जब अपने ही तुम्हारे नहीं हैं, फिर तुम

दूसरों को अपना बनाने का नाटक क्यों करते फिरते हो?"

"मैं तुम्हारी बात समझा नहीं, राजपुत्र!" महात्मा बुद्ध ने हैरानी से उसकी ओर देखा, "मेरा अपना कौन है, जो मेरा शत्रु है?"

"जाकर पता लगाओ।" अजातशत्रु ने उपेक्षा भाव से कहा, "मेरा समय नष्ट न करो। जल्द ही तुम्हारे लोगों का षड्यंत्र तुम्हारे सामने आ जाएगा और तुम्हारा नामोनिशान इस धरती से मिट जाएगा।"

तथागत गौतम ने कुछ नहीं कहा, आनंद के साथ वे वापस लौट पड़े। ❑

तथागत गौतम और मतवाला हाथी

देवदत्त के मन की ईर्ष्या तथागत गौतम की प्रसिद्धि को देखकर बढ़ती ही जा रही थी। वह किसी तरह से गौतम बुद्ध की हत्या करा देना चाहता था। उसने अजातशत्रु से मंत्रणा करके एक मतवाले हाथी को खूब शराब पिलाई और उत्तेजित करके उसे उस मार्ग पर छोड़ दिया, जिस ओर से गौतम बुद्ध आने वाले थे।

वह मतवाला हाथी, मार्ग में जो भी आया, उसे रौंदता हुआ आगे बढ़ने लगा। चारों ओर चीख-पुकार मची थी। लोग अपनी जान बचाकर इधर-उधर भाग रहे थे।

गौतम बुद्ध ने हाथी को विनाश करते देखा तो वे उसकी ओर बढ़े। उनके साथ के भिक्षु उन्हें रोकते रह गए, पर वे नहीं रुके। मतवाला हाथी उन्हें देखकर उनकी ओर लपका। उसे अपनी ओर आता देख गौतम बुद्ध निश्चल होकर बीच मार्ग में खड़े हो गए। जैसे ही मतवाला हाथी उनके सामने आया, उन्होंने शांत भाव से अपना दाहिना हाथ अभय मुद्रा में उठाकर हाथी की ओर कर दिया।

गौतम की शांत मूर्ति को देखकर हाथी एकदम शांत हो गया। उसने सूँड़ ऊँची करके उन्हें प्रणाम किया और शांतभाव से वापस चला गया।

हाथी को वापस जाते देखकर देवदत्त बौखला गया। उसी रात उसने राज्य के कुछ खूँखार हत्यारों को अजातशत्रु के द्वारा महल में बुलवाया और उनसे कहा, "आज रात यदि तुमने उस पाखंडी बुद्ध की हत्या कर दी तो सम्राट् तुम्हें बड़ी-बड़ी जागीरें देंगे। तुम ये हत्याएँ करके जो माल कमाते हो, वह उससे कहीं ज्यादा होगा। तुम लोग धनिक श्रेष्ठियों की तरह जीवन-यापन करोगे।"

"भिक्षु, देवदत्त सत्य कहते हैं।" अजातशत्रु ने कहा, "यदि तुमने उसे

खत्म कर दिया तो मैं तुम्हें मालामाल कर दूँगा। तुम्हारे आज तक किए सभी अपराध क्षमा कर दिए जाएँगे।"

हत्यारों के सरदार ने कहा, "आप निश्चिंत हो जाएँ सम्राट्! भिक्षु देवदत्त का यह कार्य हम चुटकियों में कर देंगे।"

ऐसा कहकर वे चारों हत्यारे तथागत गौतम की हत्या करने चले दिए।

वे चारों हत्यारे भयानक खड्ग उठाए, अपने चेहरों को कपड़े से ढककर वहाँ पहुँचे, जहाँ भगवान् बुद्ध पद्मासन की मुद्रा में बैठे थे। परंतु उन चारों हत्यारों ने जब भगवान् बुद्ध की तेजोमय शांत मुद्रा को देखा तो उनके हाथ रुक गए। वे चारों उनके चरणों में गिर पड़े।

उनका सरदार बोला, "प्रभु! हमें क्षमा करें। उस भिक्षु के कहने से हम यह जघन्य अपराध करने चले थे। हमें क्षमा करें। हम ऐसा नहीं कर सकते।"

भगवान् बुद्ध ने मुसकराकर कहा, "तुमने मेरा अहित किया ही क्या है, जो मुझसे क्षमा माँगते हो। फिर भी मैं तुम्हें क्षमा करता हूँ। कृपया मुझे इतना बता दो कि वह भिक्षु कौन है, जिसके हृदय की हिंसा वृत्ति को मैं नष्ट करने में असफल रहा हूँ?"

सरदार बोला, "प्रभु! उसका नाम देवदत्त है। वह सम्राट् अजातशत्रु से मिला हुआ है।"

"ठीक है, तुम जाओ।" भगवान् बुद्ध ने उन्हें माफ कर दिया।

❑

अजातशत्रु का क्षमा माँगना

भगवान् गौतम बुद्ध के चमत्कारों और उनके शांत स्वभाव को देखकर अजातशत्रु का हृदय परिवर्तित हो गया। उसने भिक्षु देवदत्त को बंदी बनाकर बंदीगृह में डाल दिया और अपनी माता तथा पत्नी के साथ भगवान् बुद्ध की शरण में जा पहुँचा।

"मुझे क्षमा कर दें, प्रभु!" अजातशत्रु ने गौतमबुद्ध के चरण पकड़कर क्षमा माँगी, "मैं भिक्षु देवदत्त के बहकावे में आ गया था। मैंने आपकी स्नेह वाणी को समझने में भारी भूल की। मुझे क्षमा करें, अन्यथा मैं यहीं आपके चरणों में अपना जीवन उत्सर्ग कर दूँगा।"

अजातशत्रु को पश्चाताप के आँसू बहाते देखकर भगवान् तथागत ने उसे क्षमा कर दिया और उसकी माता तथा पत्नी सहित उसे बौद्ध धर्म में दीक्षित कर दिया।

"प्रभु! मैं उस देवदत्त का क्या करूँ?" अजातशत्रु ने उनसे पूछा, "मैंने उसे बंदीगृह में डाल दिया है।"

"उसे छोड़ दो, अजातशत्रु!" भगवान् बुद्ध ने कहा, "जो पाप उसने किए हैं, उसके लिए वह स्वयं ही एक दिन पश्चात्ताप करेगा।"

अजातशत्रु ने देवदत्त को बंदीगृह से मुक्त कर दिया। परंतु उसे अपने किए पर जरा भी पश्चात्ताप नहीं हुआ। एक रात उसने स्वयं ही तथागत गौतम को खत्म करने की योजना बनाई। उसने अपने नाखूनों में भयानक विष लगा लिया और तथागत के सम्मुख पहुँचा। वह चाहता था कि वह तथागत के चरणों को अपने घातक विष लगे नाखूनों से घायल कर देगा, जिससे नाखूनों का विष तथागत के शरीर में प्रवेश कर जाएगा और उनकी मृत्यु हो जाएगी। बदला लेने की ऐसी नीच श्रेणी की योजना उसने बनाई थी।

वह तथागत से बोला, "भ्राताश्री! मैं अपने किए पर बहुत पछता रहा हूँ, मैं आपके चरण स्पर्श करके प्रायश्चित्त करना चाहता हूँ। मुझे एक अवसर अवश्य दें।"

परंतु वह जैसे ही तथागत के चरण स्पर्श करने के लिए नीचे झुका, तथागत ने उसे पैर की ठोकर से दूर उछाल दिया और बोले, "मैंने तुझे कई बार ईर्ष्या छोड़ने के लिए कहा, देवदत्त! पर तू नहीं माना। अब अपने किए का दंड स्वयं ही प्राप्त कर।"

देवदत्त जैसे ही हवा से धरती पर गिरा, धरती फट गई और वह उसमें समा गया। लोगों की चीखें निकल गईं।

❑

ज्ञान का अथाह सागर

भगवान् बुद्ध अपने अंतिम समय तक अपने शिष्यों के साथ रहे। एक बार वे एक निर्जन वन से गुजर रहे थे। वहाँ उन्होंने एक शीशम के वृक्ष के नीचे से कुछ पत्ते उठाए और अपने शिष्यों से पूछा, "भिक्षुओ! बताओ, मेरे हाथ के पत्ते ज्यादा हैं या इस वन के?"

शिष्यों ने कहा, "भगवन्! आपके हाथ के पत्ते तो बहुत कम हैं, वन के पत्ते ज्यादा हैं।"

भगवान् बुद्ध ने मुसकराकर कहा, "भिक्षुओ! इस संसार में ज्ञान का अपार भंडार इस वन के पत्तों जैसा है। मैं तो तुम्हें अपने हाथों में पकड़े इन थोड़े से पत्तों जितना ही ज्ञान दे सका हूँ। आओ, तुम्हें स्वयं ज्ञान अर्जन करना है। ज्ञान ही मनुष्य को महान् बनाता है।"

भिक्षुओं ने पूछा, "भगवंन्! महान् क्या है?"

बुद्ध ने कहा, "धर्म ही सर्वश्रेष्ठ है और वही सबसे महान् है। धर्म का अर्थ संपूर्ण ब्रह्मांड में व्याप्त प्रकृति का नियम है। यही कार्य और कारण भाव की निरंतर चलने वाली प्रक्रिया है। धर्म ही सत्य है और धर्म ही न्याय है। बड़ा और महान् वही है, जो क्रोध तथा अहंकार को प्रीति से और झूठ को सत्य से जीतता है।"

❑

महिलाओं को शरण

भगवान् बुद्ध प्रारंभ में महिलाओं को बौद्ध संघ में प्रवेश देने के विरुद्ध थे। वे कहा करते थे कि यदि महिलाओं को संघ में सम्मिलित न करें तो संघ हजारों वर्ष रहेगा, किंतु महिलाओं के सम्मिलित कर लेने से यह संघ पाँच सौ वर्ष भी नहीं टिक सकेगा।

भगवान् बुद्ध के परम शिष्य आनंद कहा करते थे कि बुद्ध का यह सिद्धांत उन्हें कभी पसंद नहीं आया।

एक बार अपने पिता की मृत्यु के समय तथागत गौतम कपिलवस्तु पधारे। पिता का अंतिम संस्कार करके जब वे जाने लगे तो प्रजावती ने संघ में प्रवेश की अनुमति माँगी। तब भगवान् बुद्ध ने उनसे कहा, "माता! आत्मशुद्धि के लिए संघ में सम्मिलित होना आवश्यक नहीं है। घर में रहकर भी यह ज्ञान प्राप्त किया जा सकता है।"

परंतु आनंद के कहने पर भगवान् बुद्ध को स्त्रियों के लिए भी बौद्ध संघ के द्वार खोलने पड़े। आनंद ने अपना तर्क देते हुए कहा था, "प्रभु! धर्म स्त्री और पुरुष में भेद नहीं मानता। स्त्रियों को भी संघ में प्रवेश पाने का पूरा अधिकार है।"

❑

मृत्यु पर किसी का वश नहीं

एक समय की बात है कि एक स्त्री अपने मृत पुत्र को लेकर भगवान् बुद्ध के पास आई और बोली, "हे महात्मा! यदि आप सिद्ध पुरुष हैं तो मेरे इस मृत पुत्र को जीवित कर दीजिए।"

बुद्ध ने कहा, "देवी! मैं तेरे पुत्र को अवश्य जीवित कर दूँगा। जा, उस घर की थोड़ी सी मिट्टी मुझे ला दे, जिस घर में किसी की मृत्यु न हुई हो।"

ऐसा सुनकर वह स्त्री दर-दर भटकी, पर उसे कोई घर ऐसा नहीं मिला। घूमते-घूमते वह थक गई। उदास होकर वह गौतम बुद्ध के पास लौट आई और बोली, "महात्मन्! मुझे तो ऐसा कोई घर नहीं मिला।"

तब बुद्ध ने कहा, "देवी! मृत्यु पर किसी का वश नहीं है। जिसने जन्म लिया है, उसकी मृत्यु निश्चित है। अब तू ही बता, मैं तेरे पुत्र को कैसे जीवित कर सकता हूँ? यह तो प्रकृति का नियम है। तुझे इसे विधि का विधान मानकर संतोष करना चाहिए।"

बुद्ध के वचन सुनकर स्त्री का दुखी हृदय शांत हो गया।

❑

महानिर्वाण

भगवान् बुद्ध की अवस्था अब अस्सी वर्ष की हो गई थी। तो वे काफी शिथिल हो गए थे। अब उनसे चला-फिरा नहीं जाता था। यशोधरा और प्रजावती दुखी तथा अपंगों की सेवा करते-करते परलोक सिधार गई थीं।

भगवान् के सारे धार्मिक कार्य आनंद की ही देखरेख में हुआ करते थे।

एक बार भगवान् बुद्ध आग्रह करके काशी नगरी में सवा सौ मील दूर कुशीबारा नगर के पास हिरण्यवती नदी के तट पर आए। वहाँ दो विशाल शाल वृक्ष खड़े थे। भगवान् बुद्ध ने यहाँ अपने शिष्यों को अपने जीवन का अंतिम उपदेश दिया, "भिक्षुओ! जिसने जन्म लिया है, उसकी मृत्यु निश्चित है। एक दिन समय के साथ सभी नष्ट हो जाते हैं। मेरा भी अब अंतिम समय आ गया है। अतः मेरे जाने के उपरांत शोक मत करना। मेरे द्वारा बताए 'अष्टांग मार्ग' पर चलना। कर्म के विधान को सही प्रकार से समझना। जन्म और मृत्यु का यह चक्र ही सबसे बड़ा दुख है। इस चक्र से छुटकारा पाने का एकमात्र मार्ग 'ज्ञान-प्राप्ति' अथवा 'बोध' ही है।"

ऐसा कहकर वे दोनों शाल वृक्षों के बीच लेट गए और देखते-ही-देखते उनके प्राण इस नश्वर देह को छोड़कर कहीं दूर चले गए। यह वैशाख पूर्णिमा का दिन था। इसी दिन उनका जन्म हुआ था, इसी दिन उन्होंने ज्ञान प्राप्त किया था और इसी दिन उनकी मृत्यु हुई थी। ईसा से 483 वर्ष पूर्व उन्होंने महापरिनिर्वाण प्राप्त हुआ था।

❑❑❑